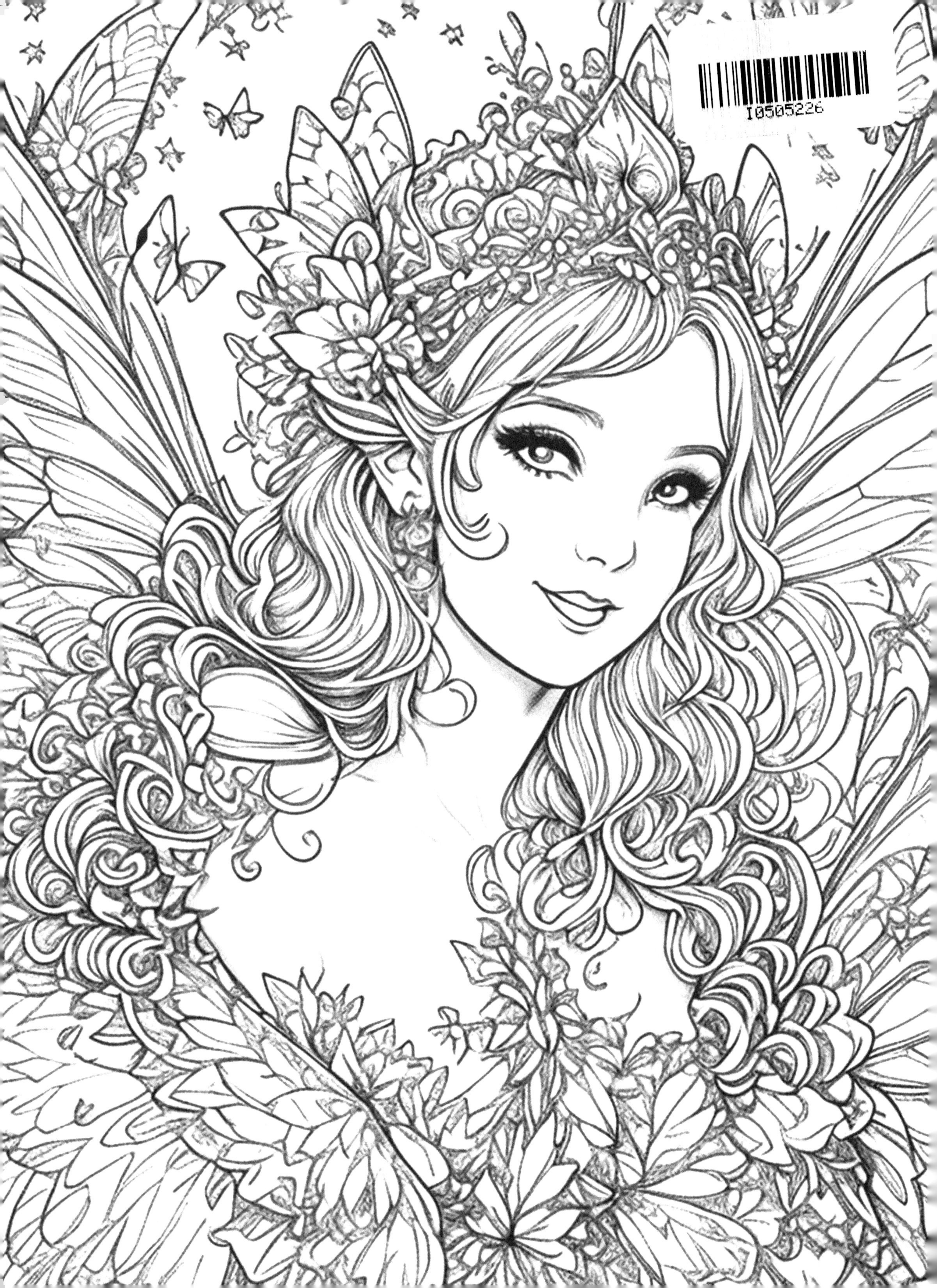

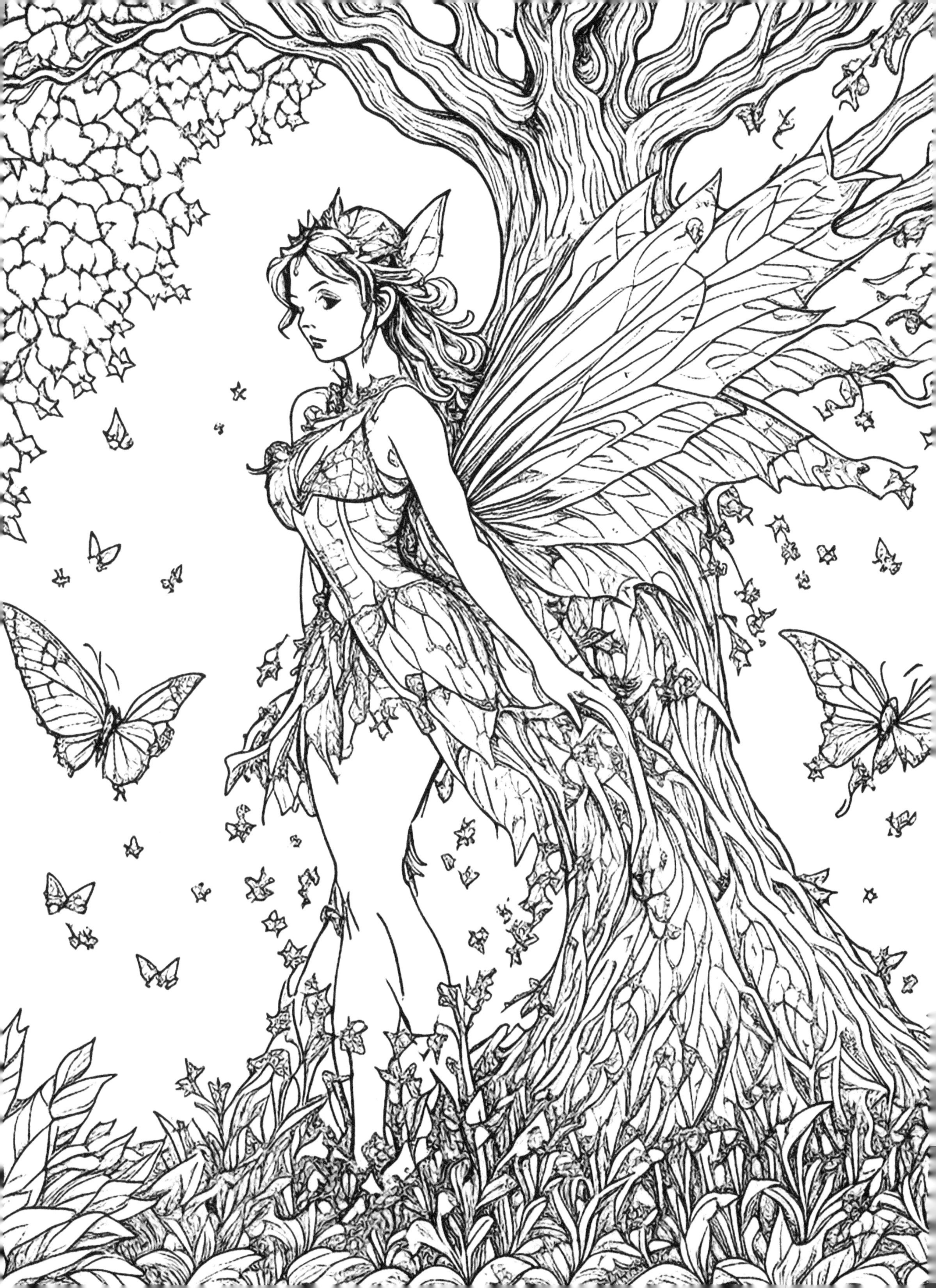

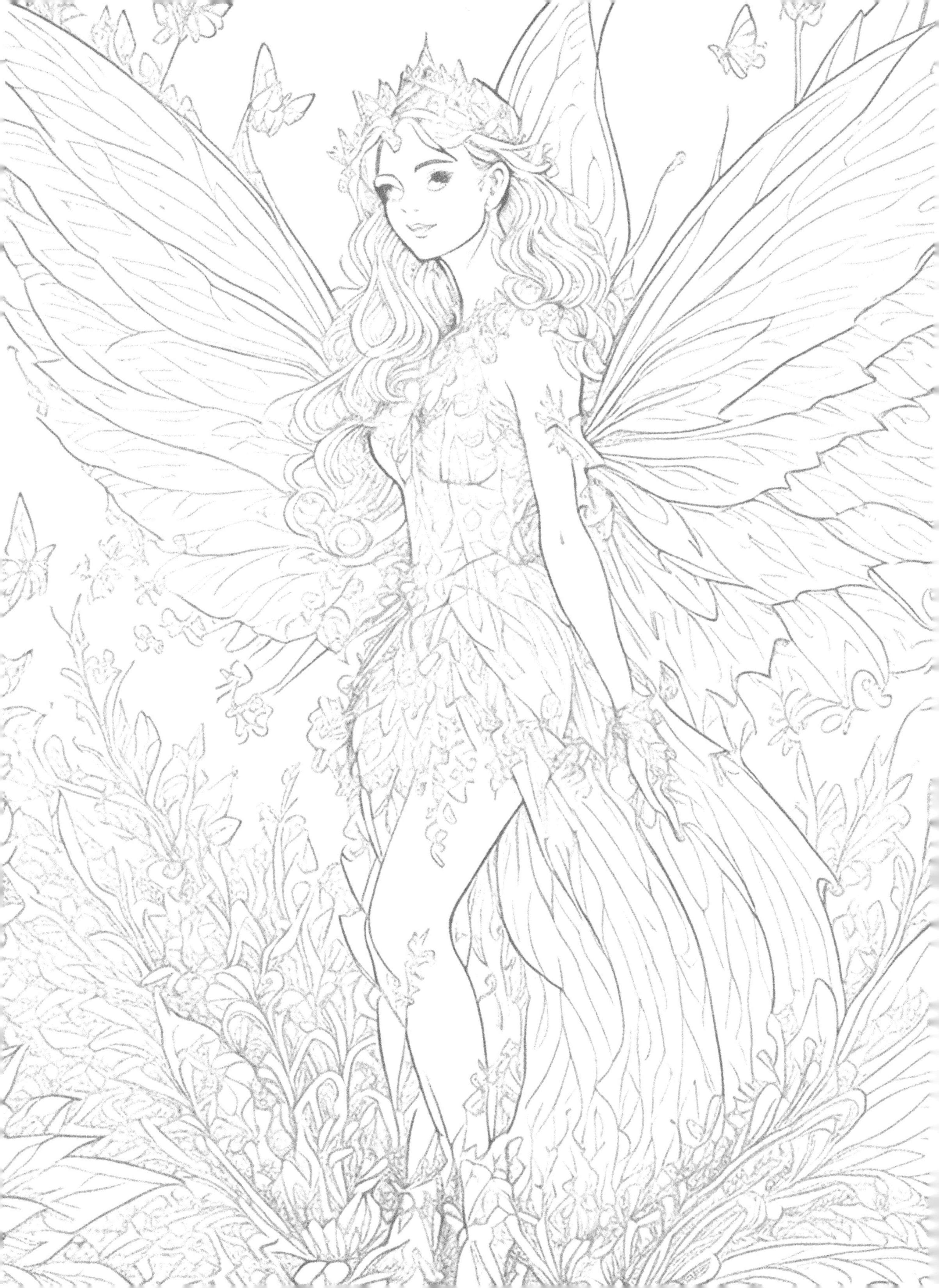

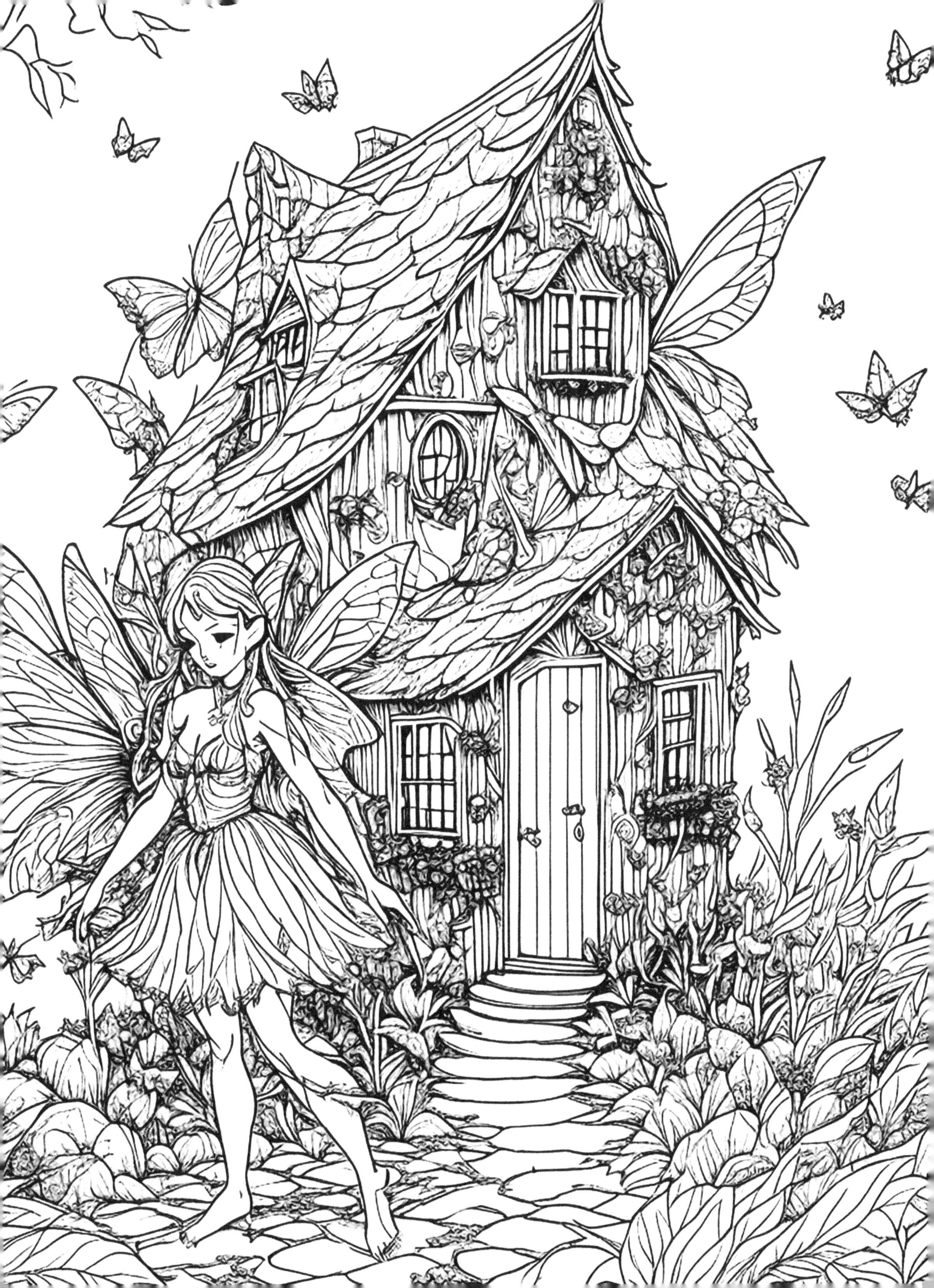

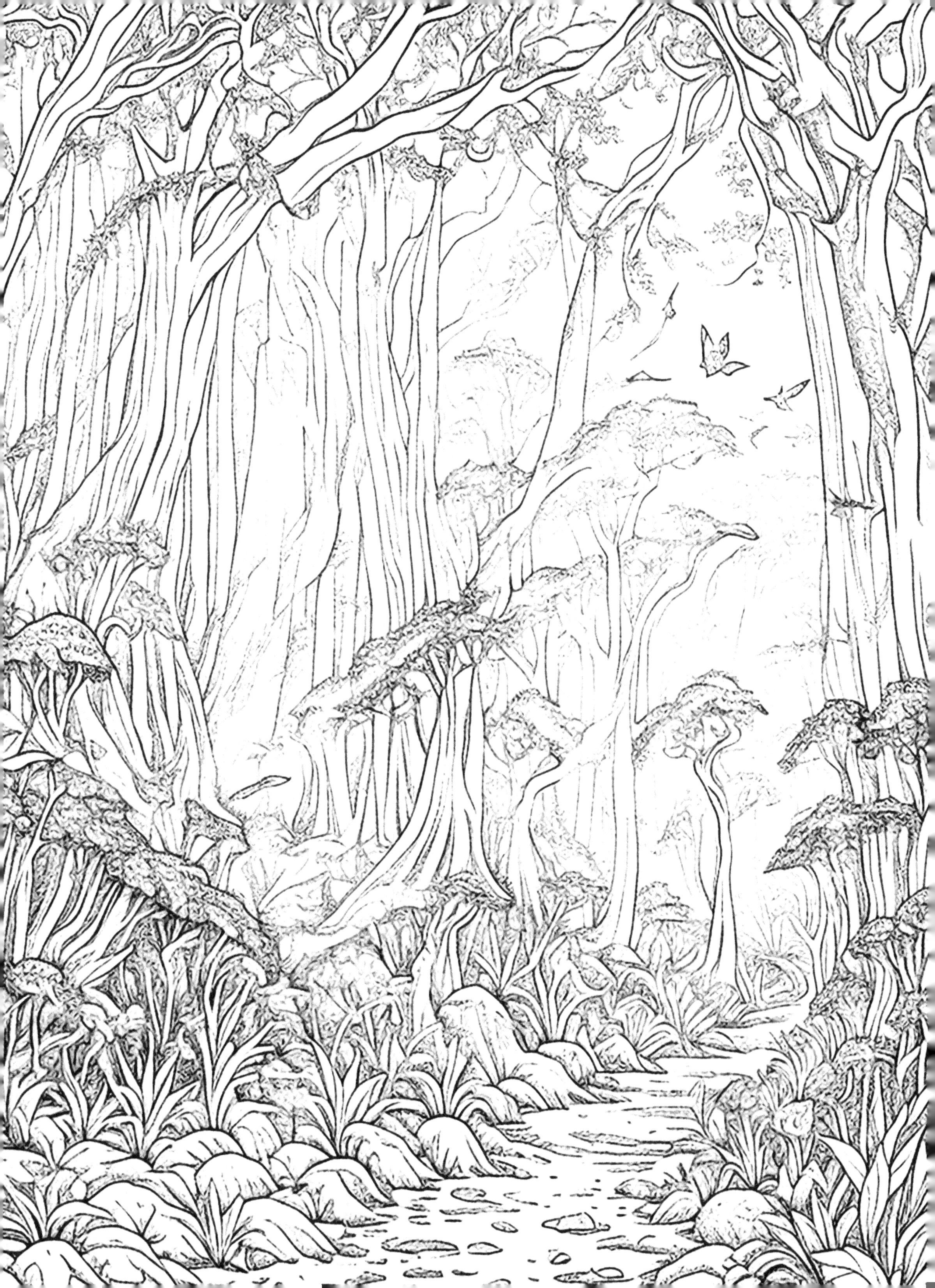

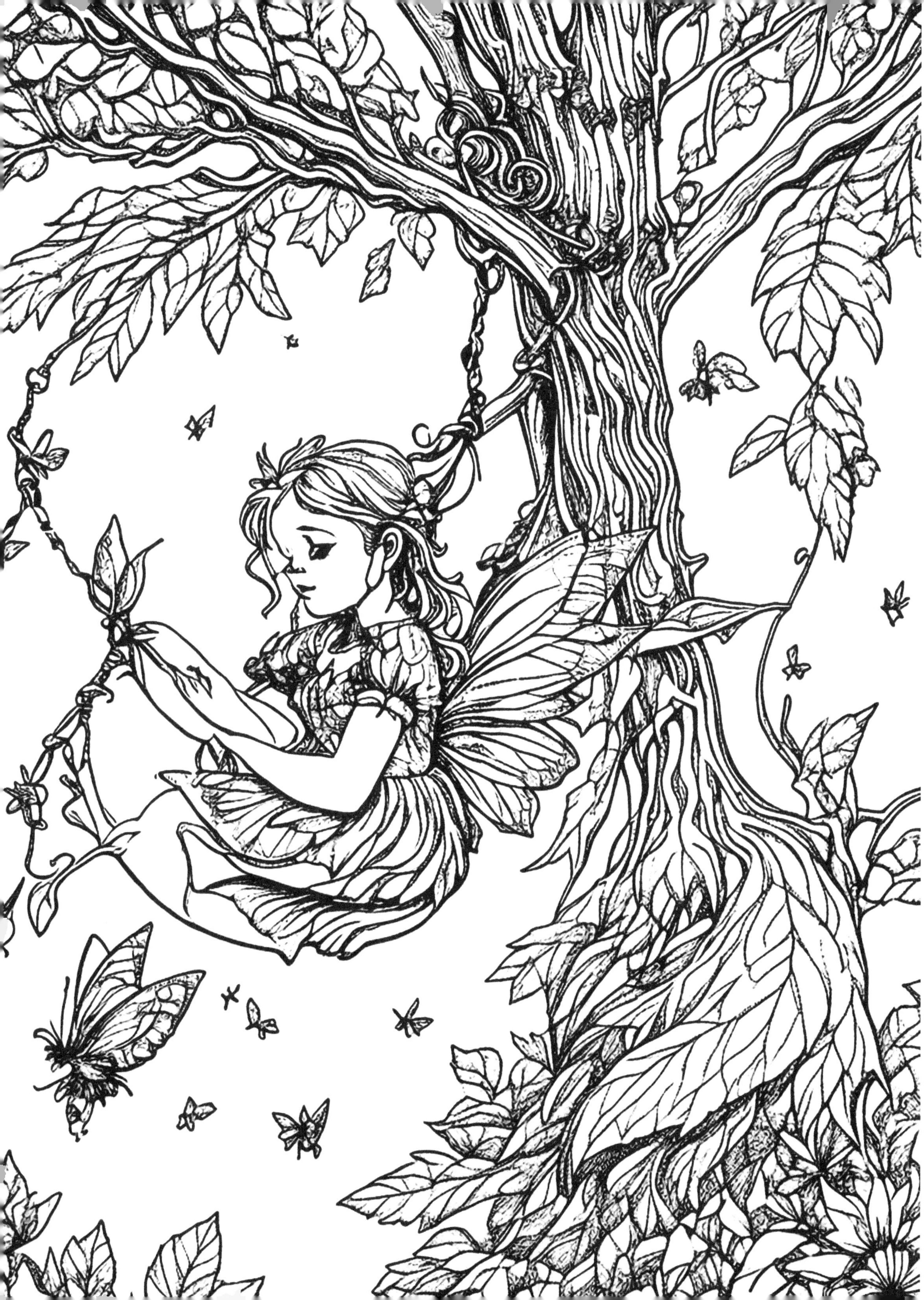

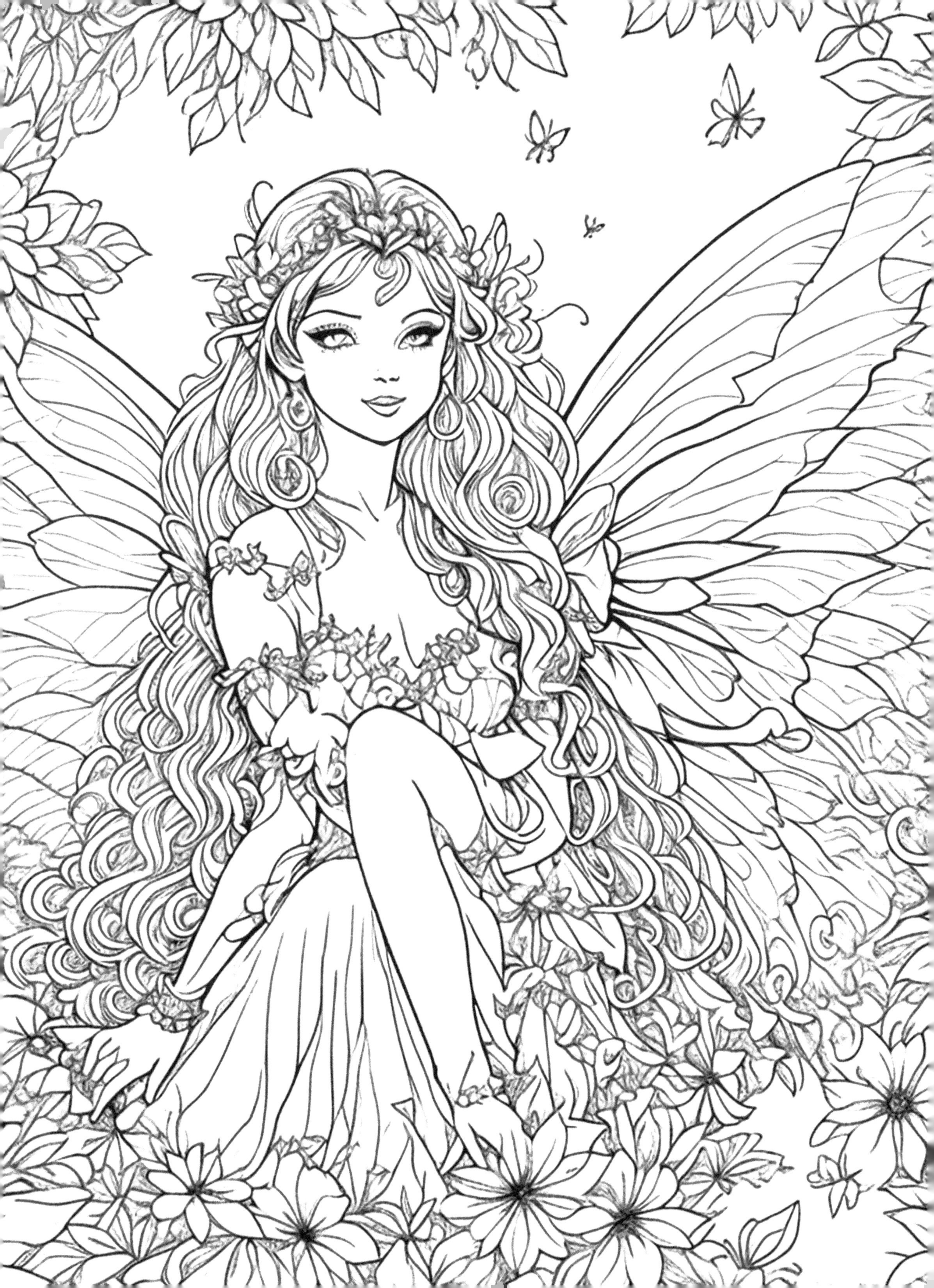

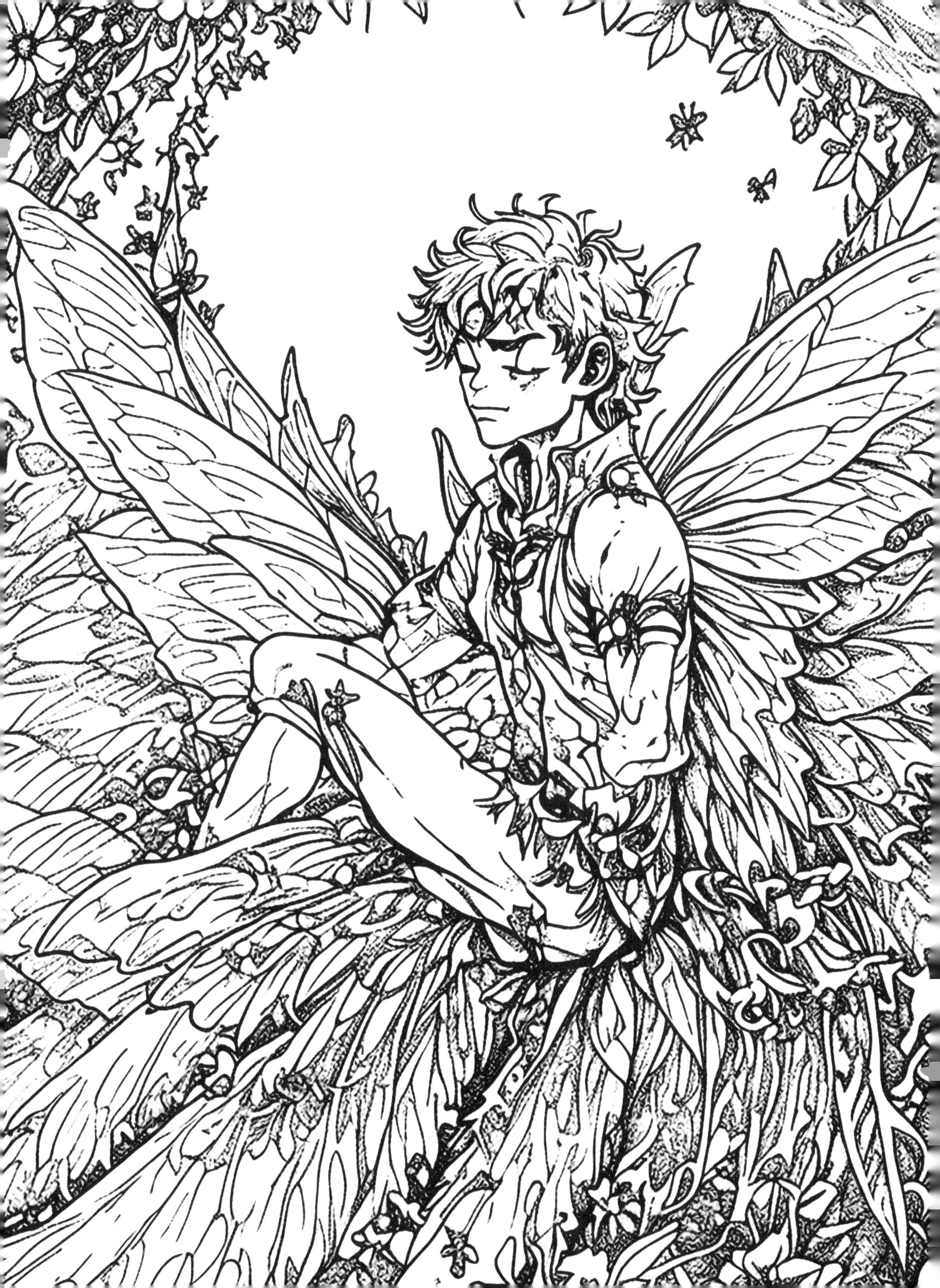

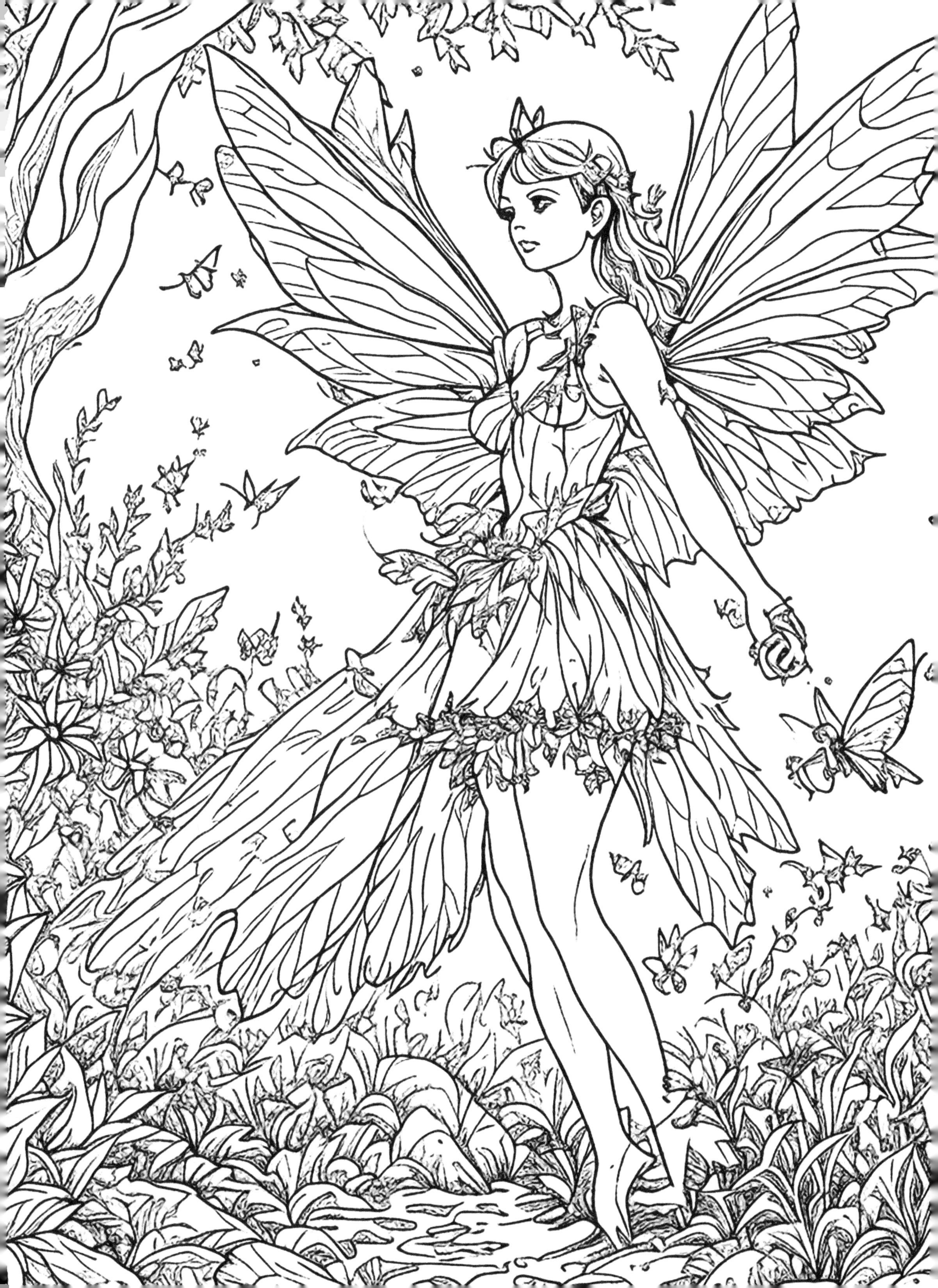

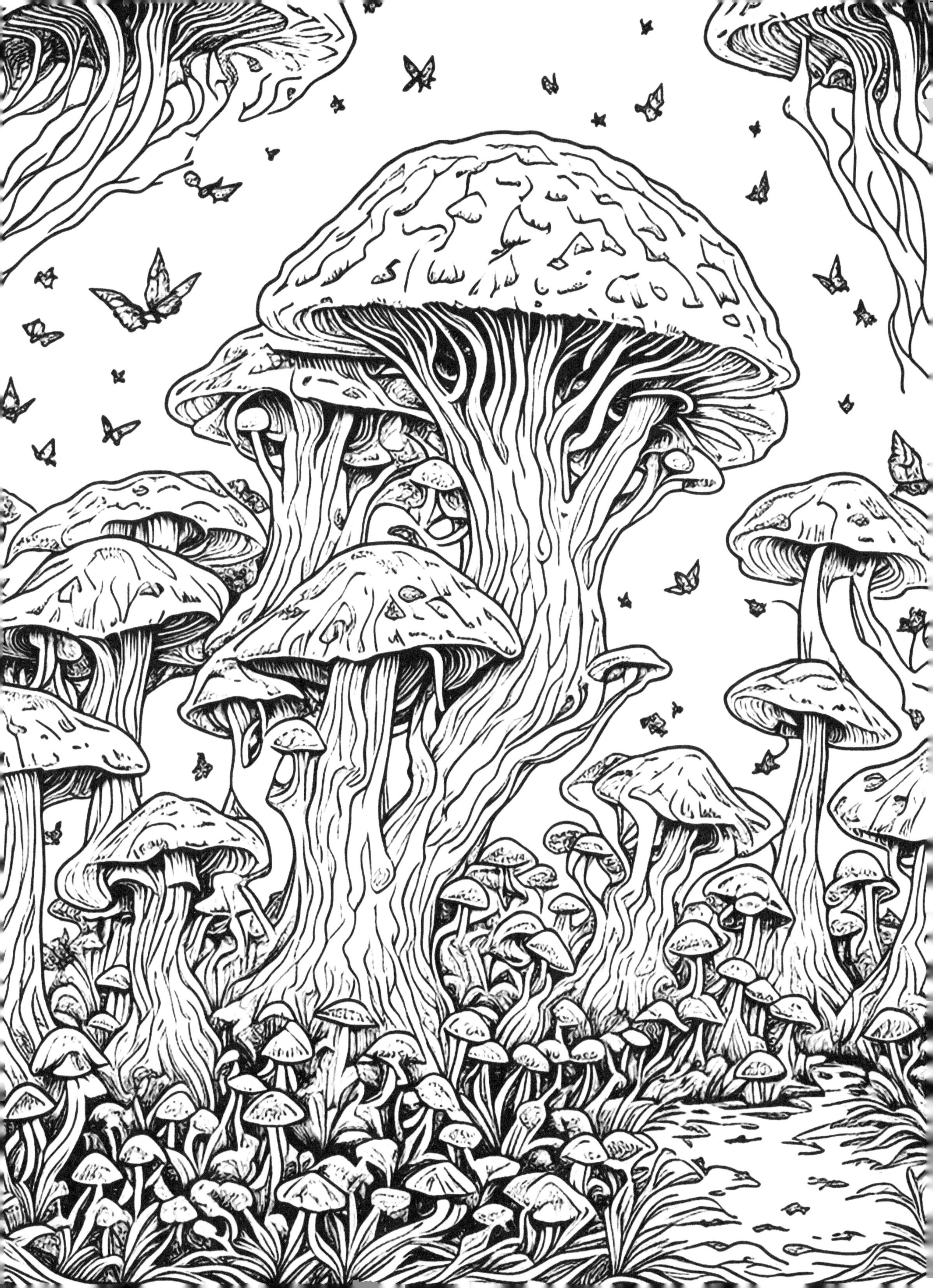

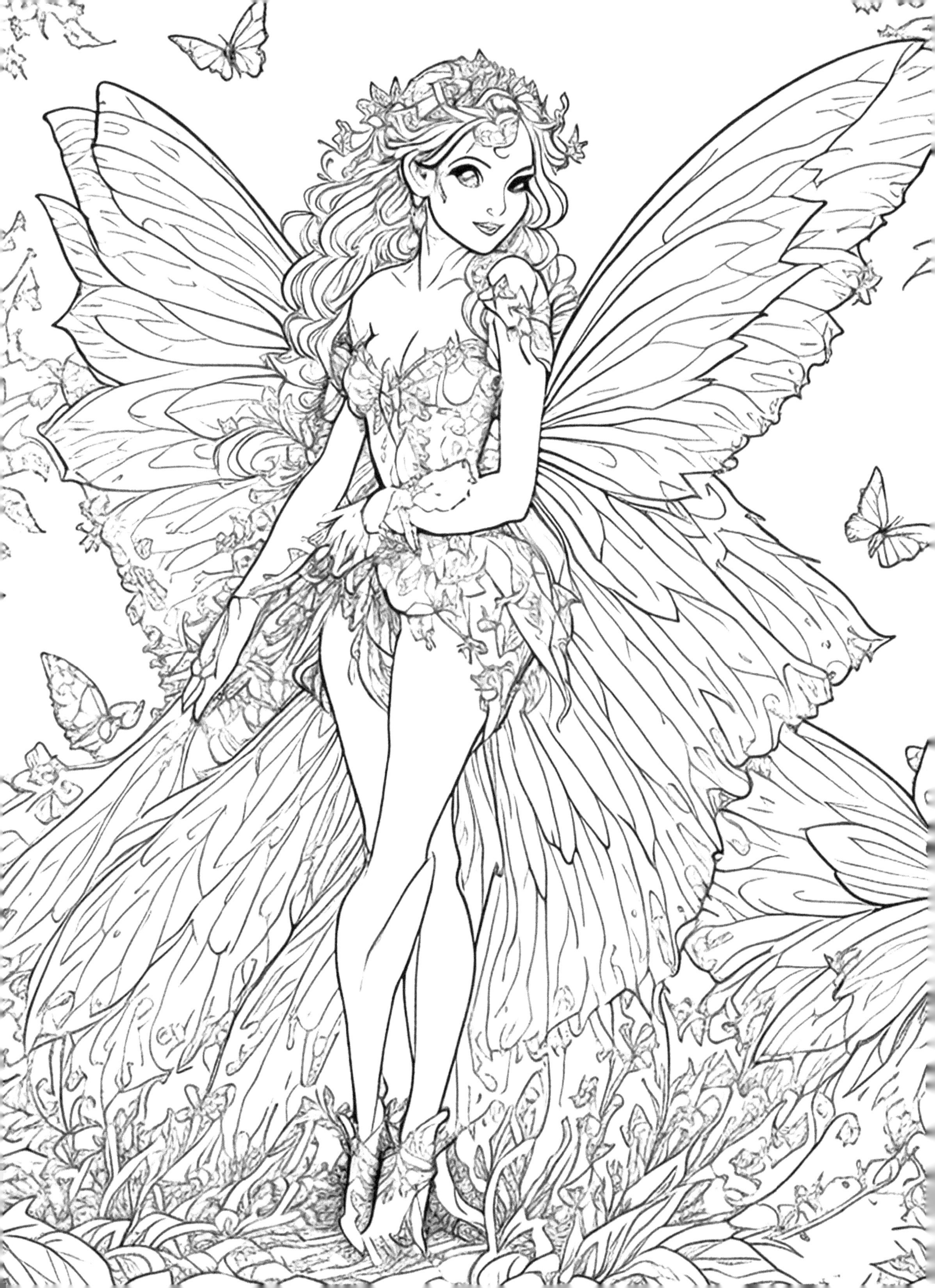

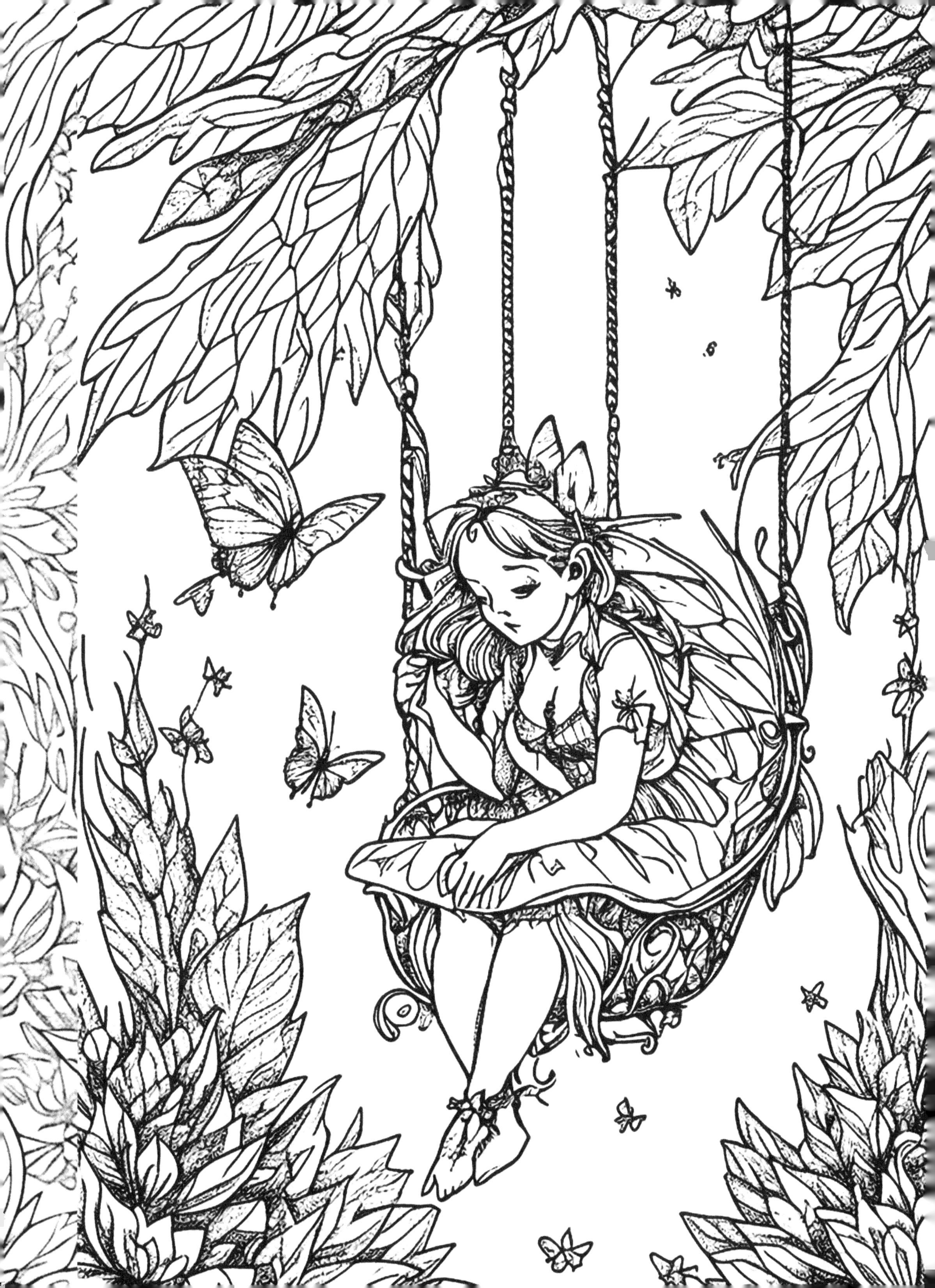

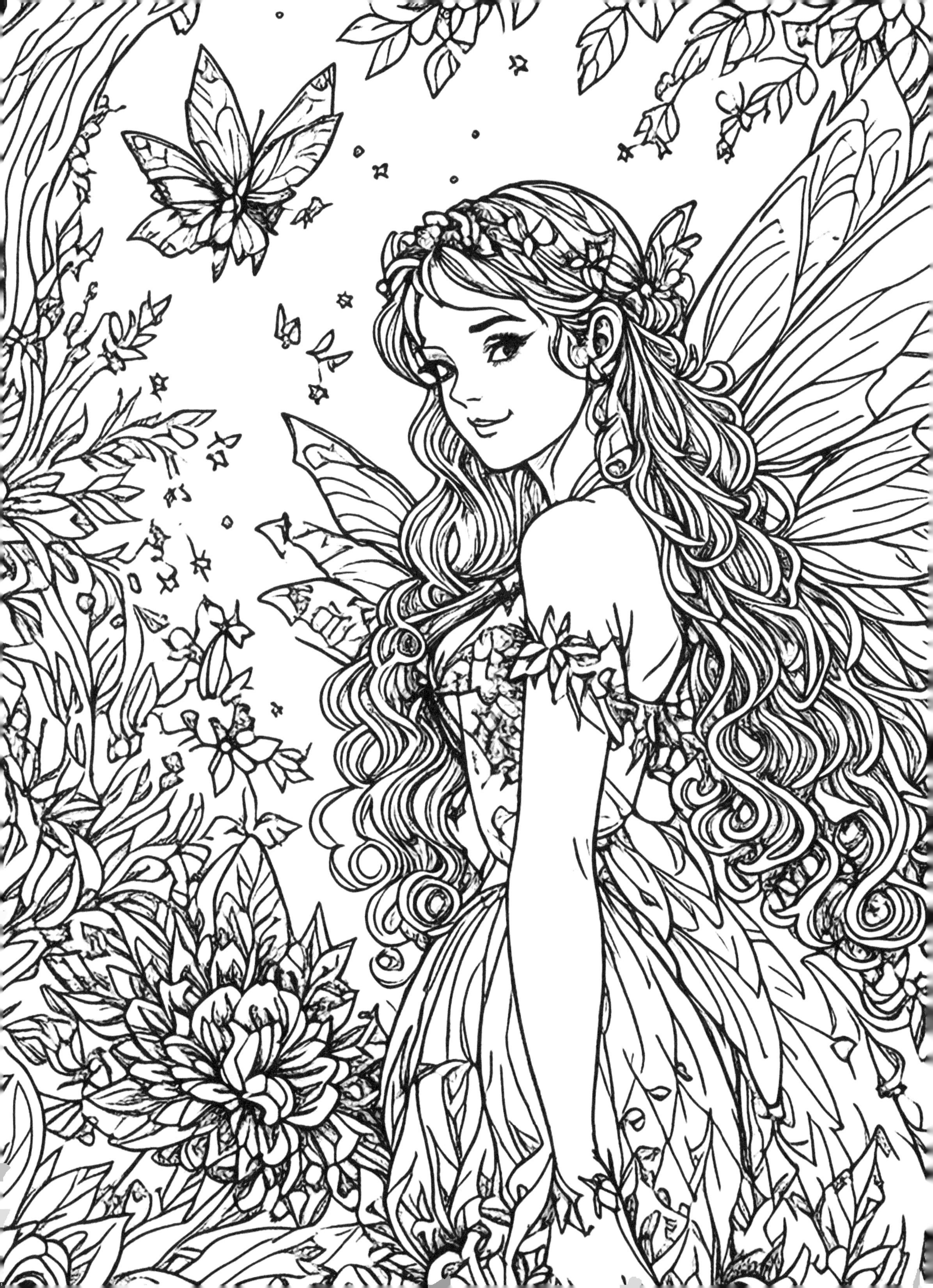

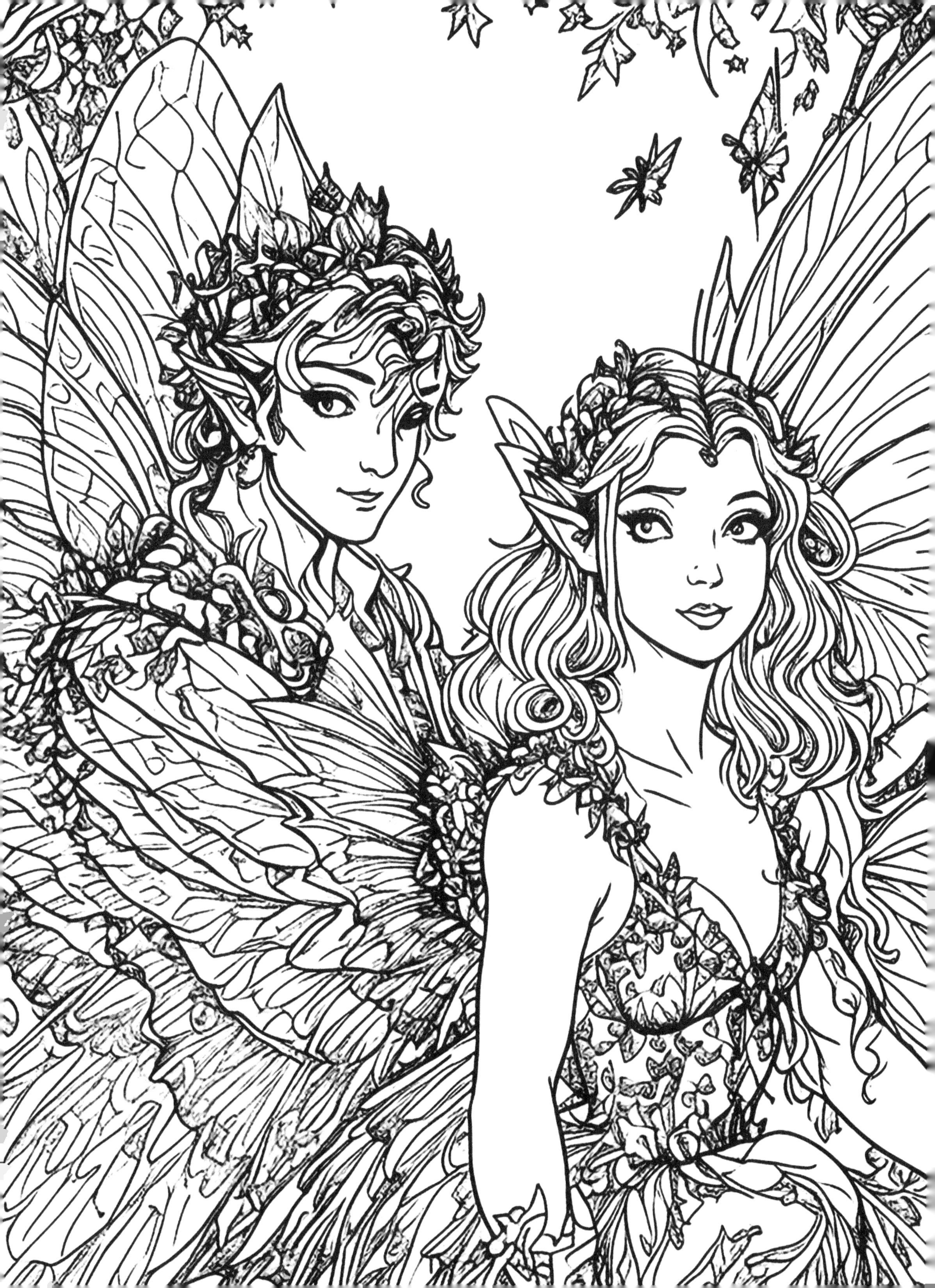

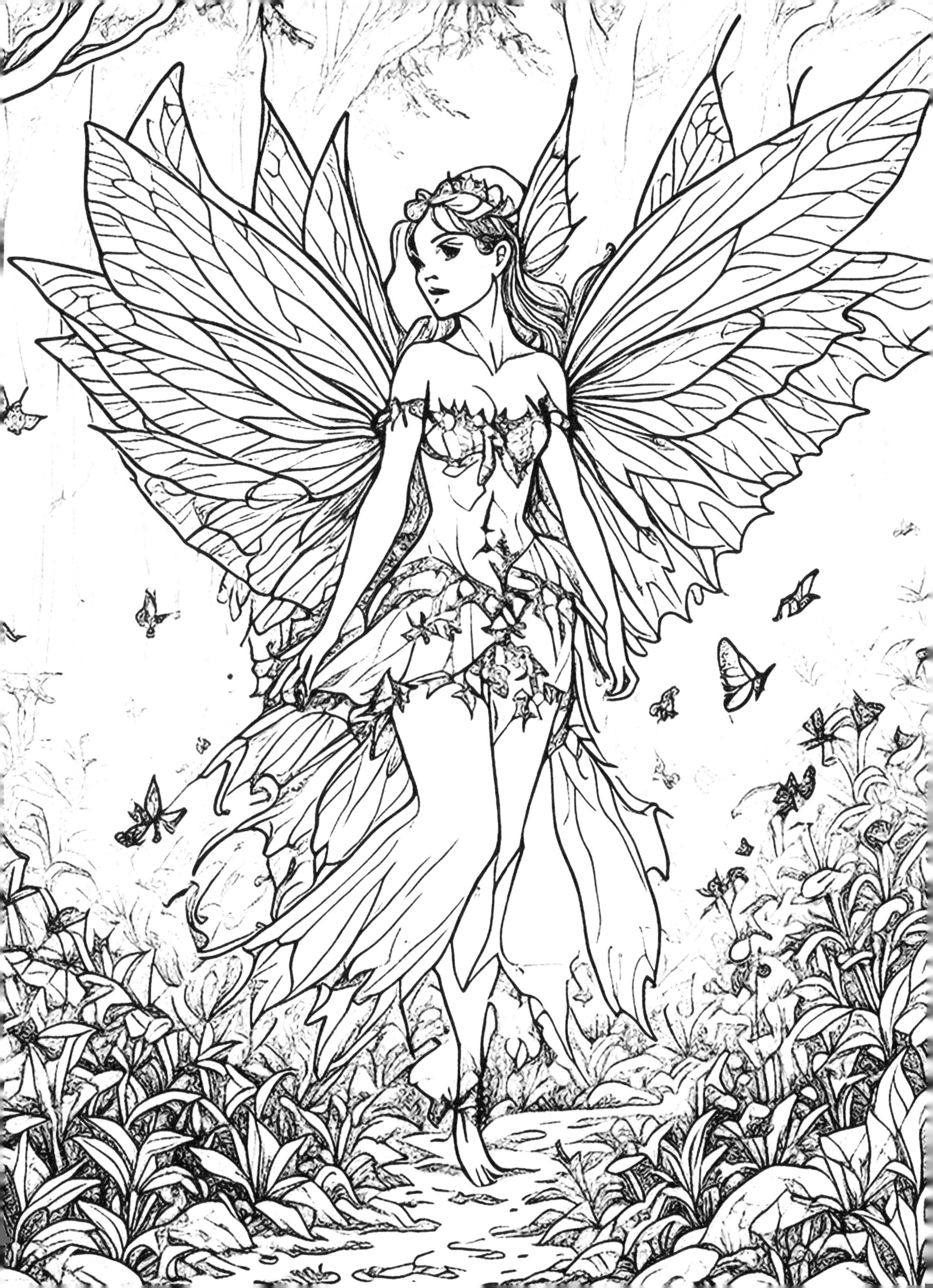

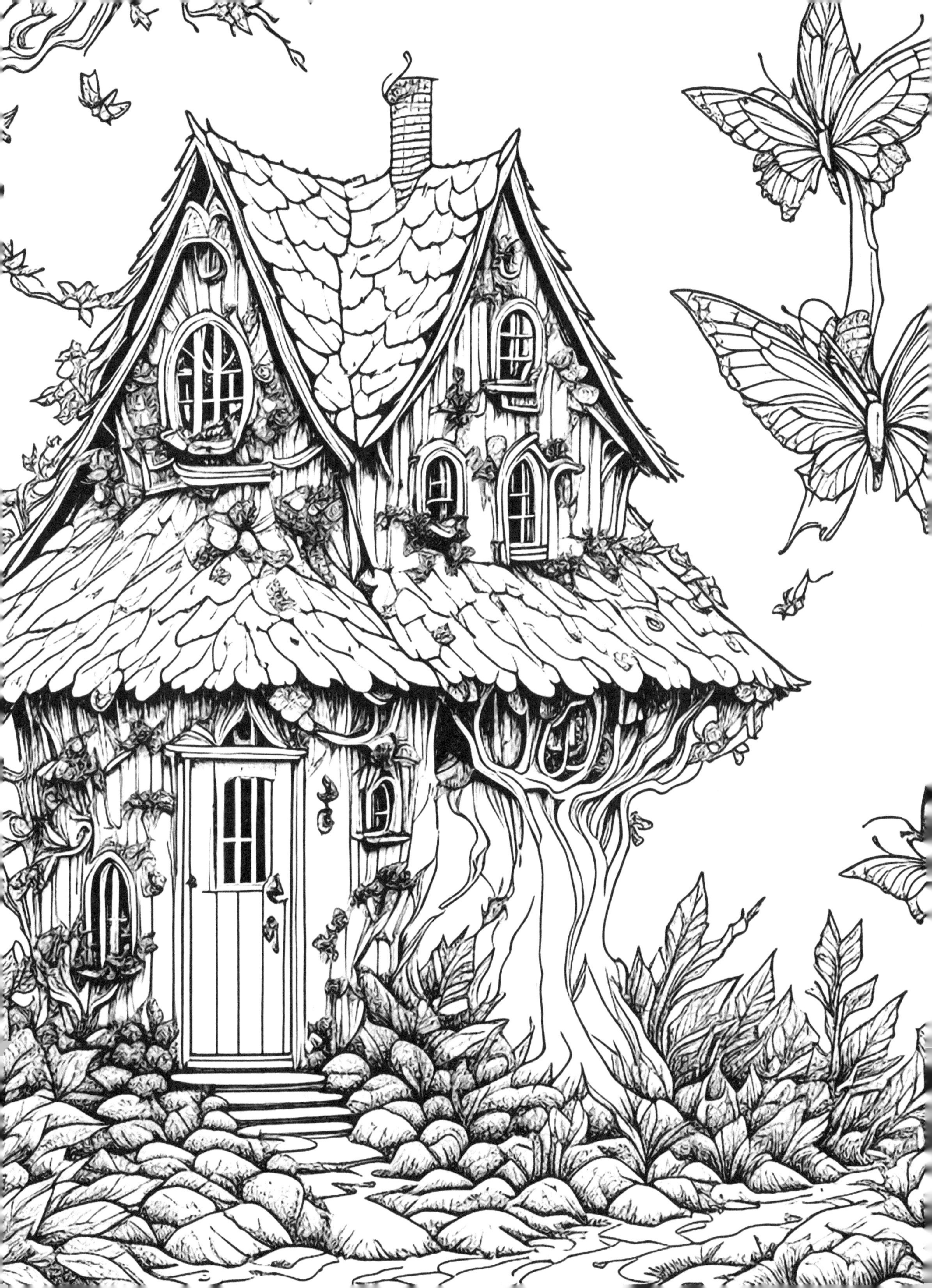

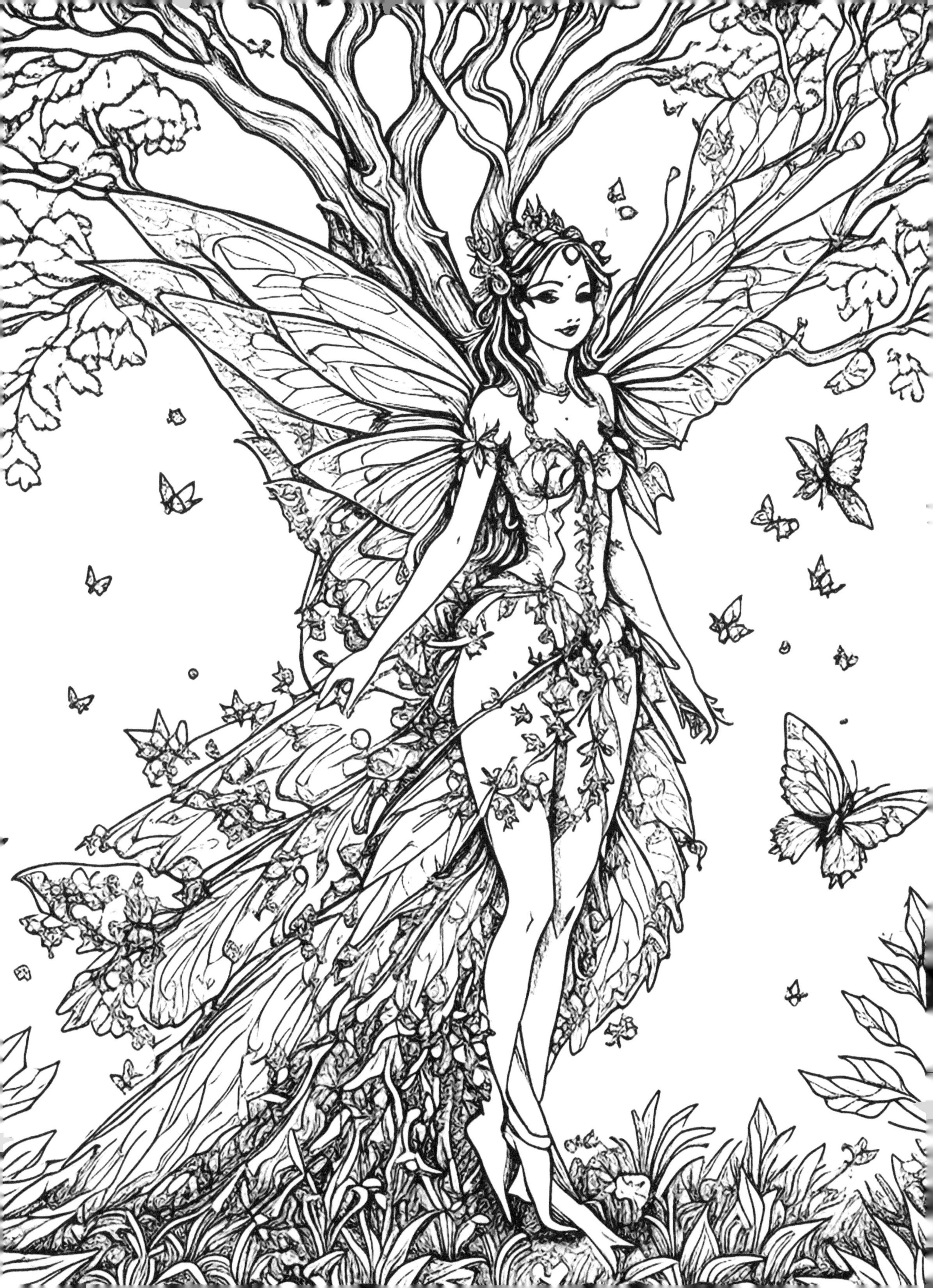

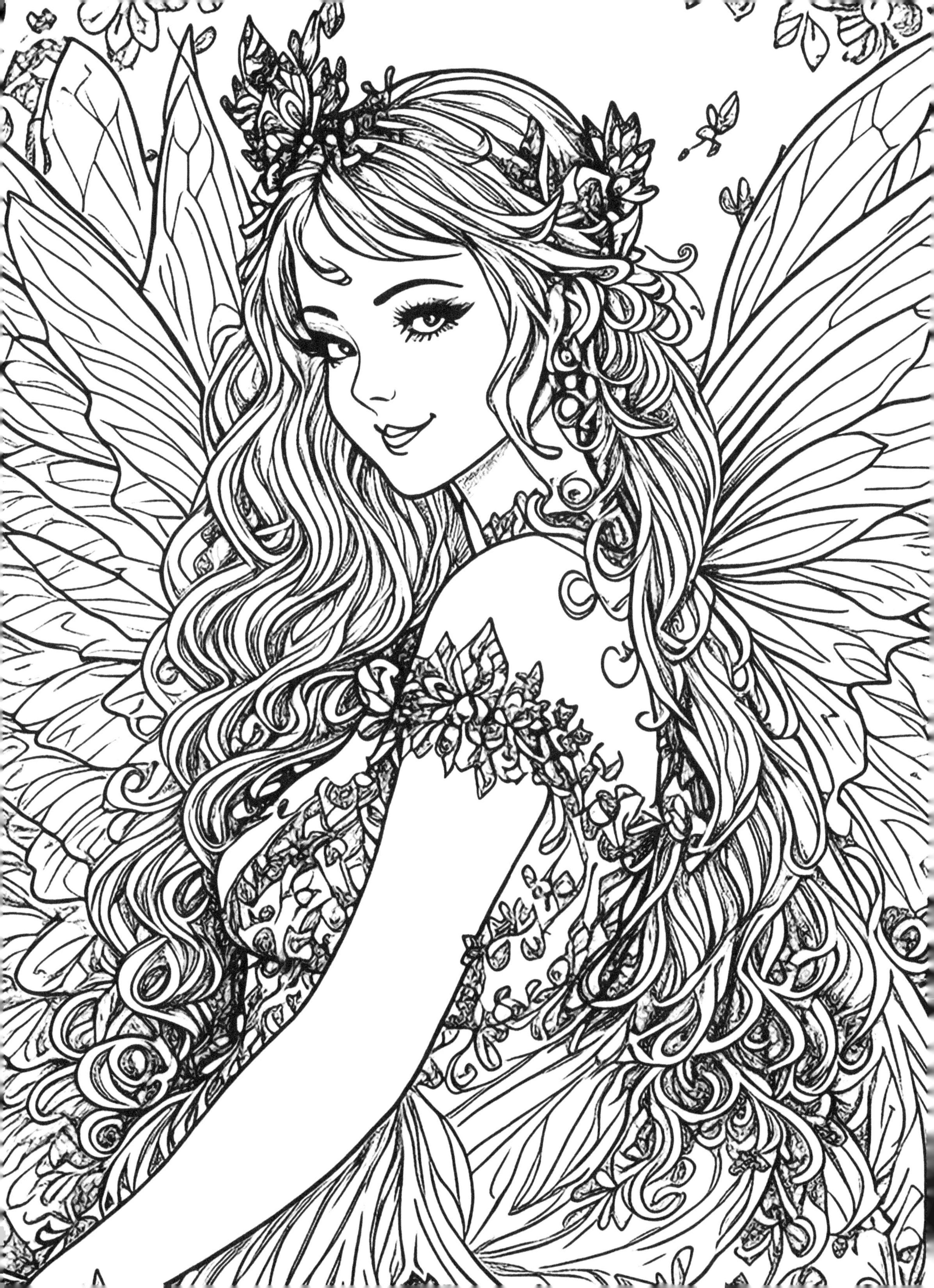

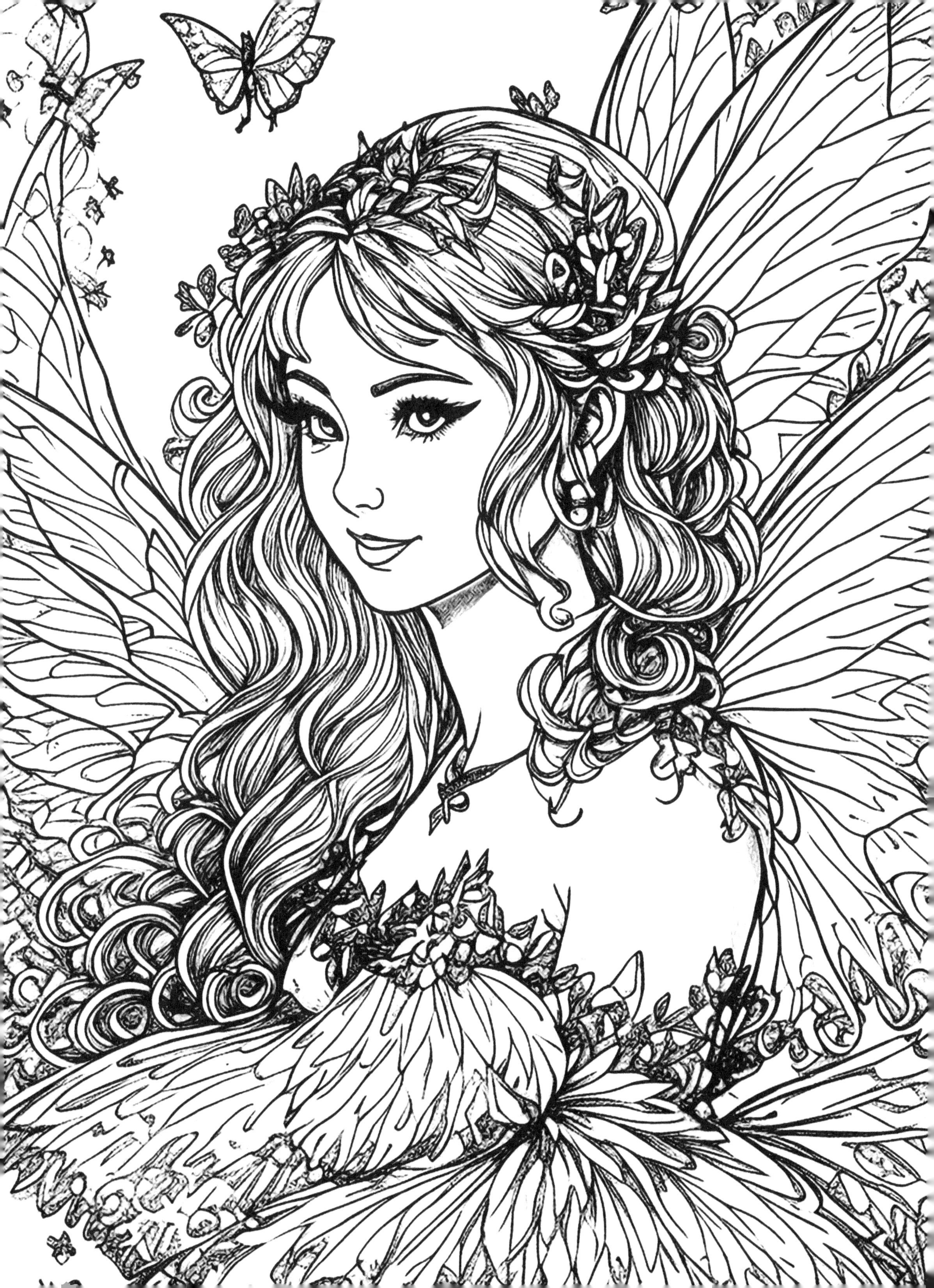

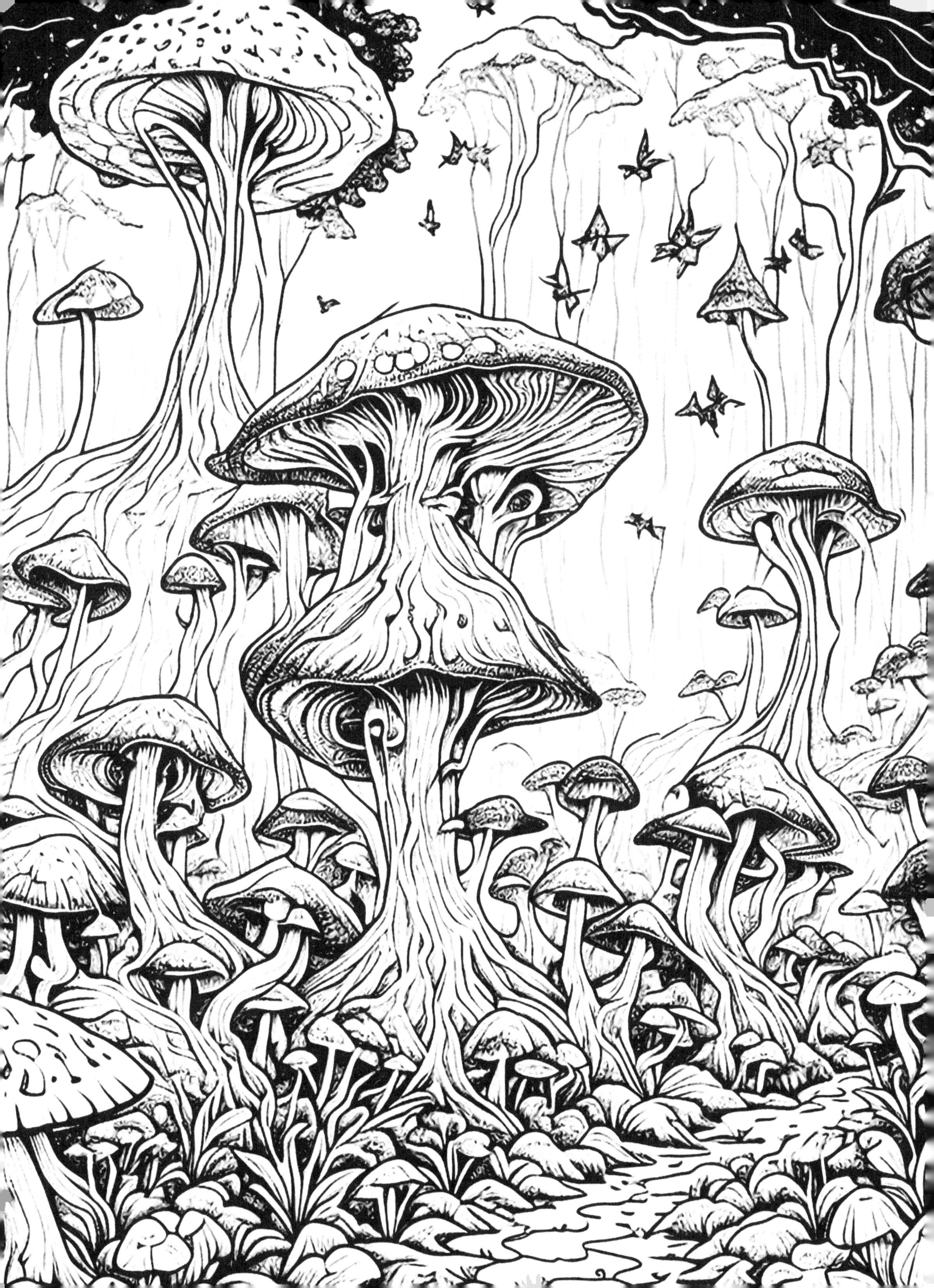

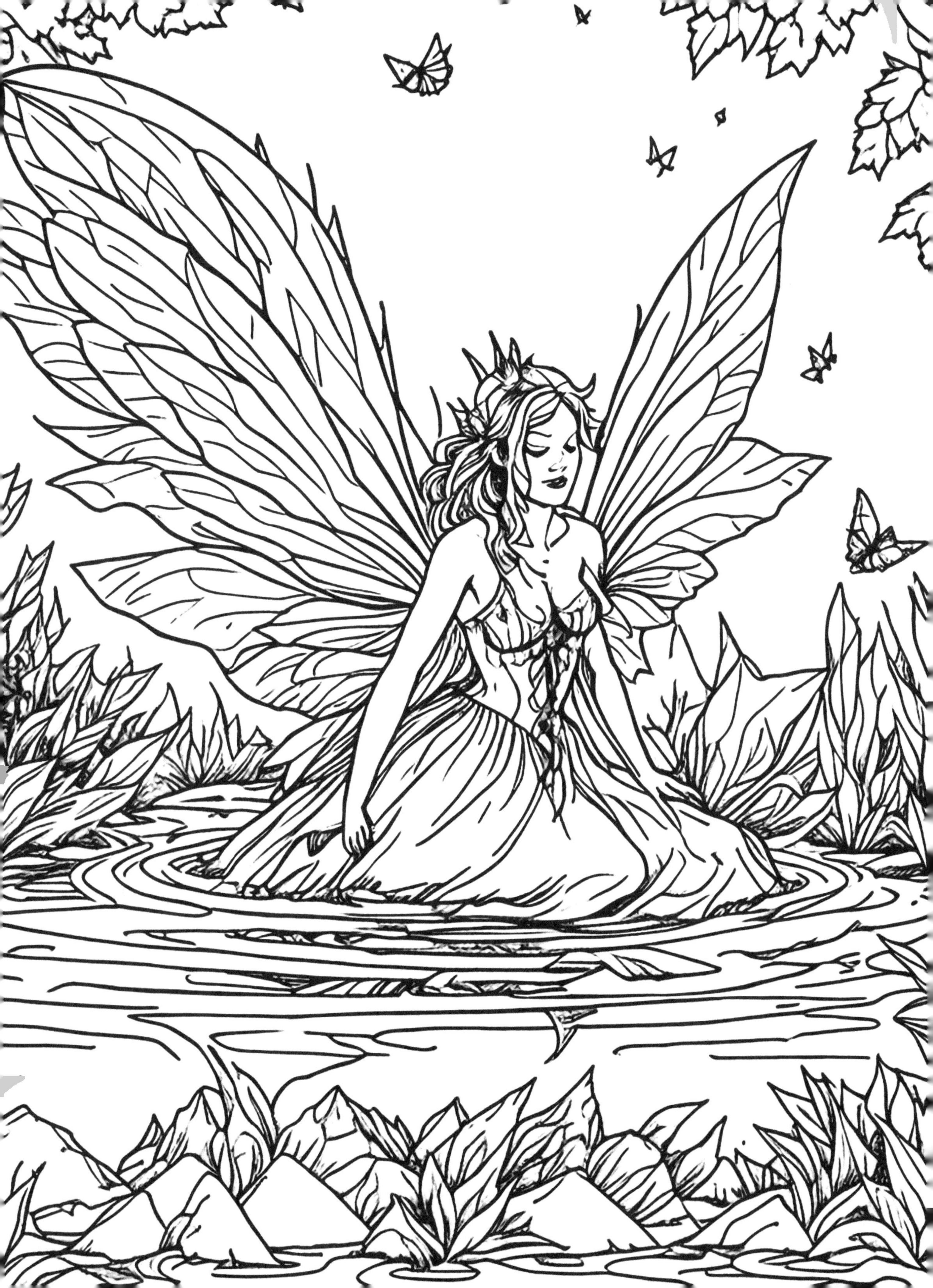

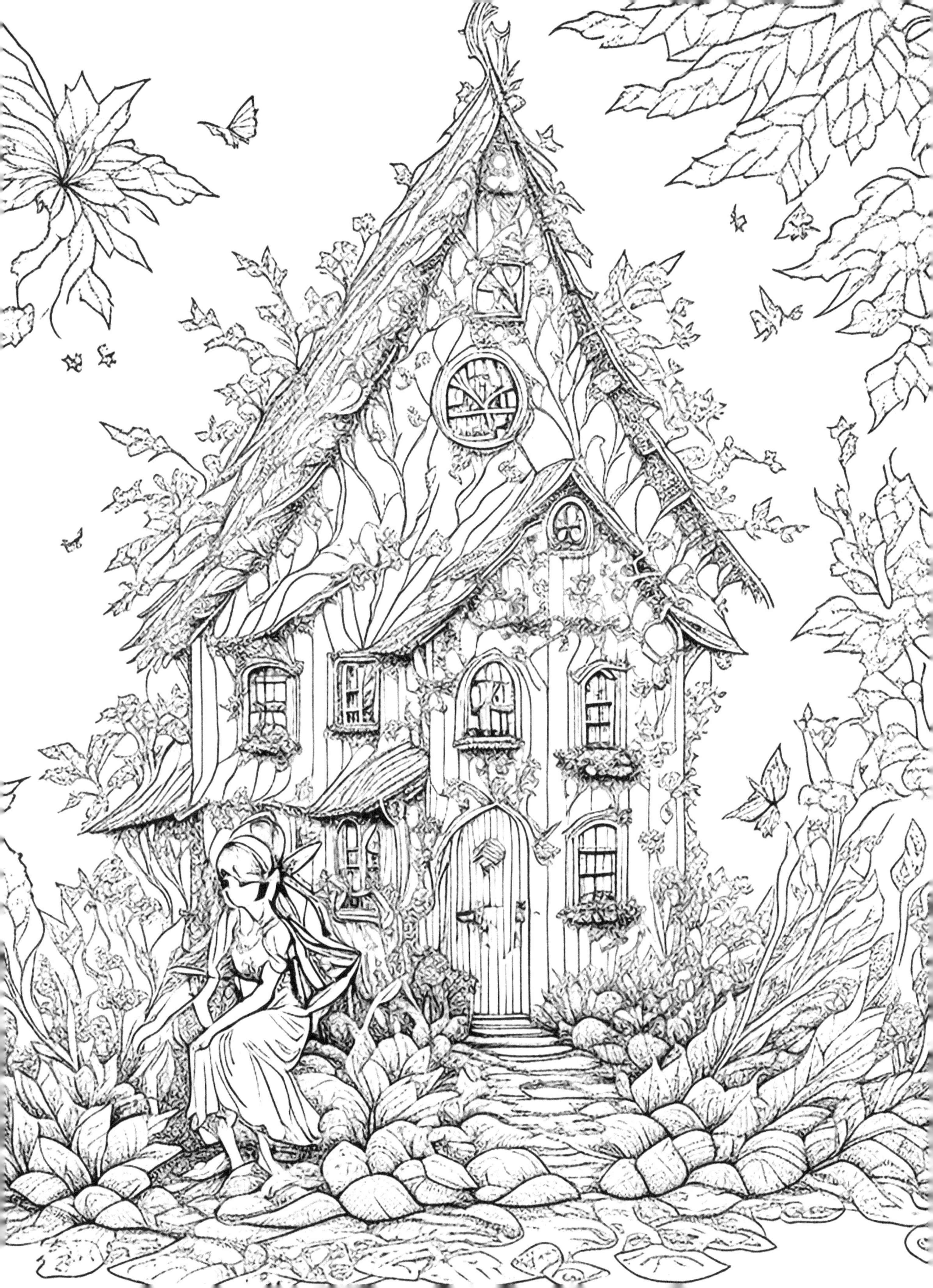

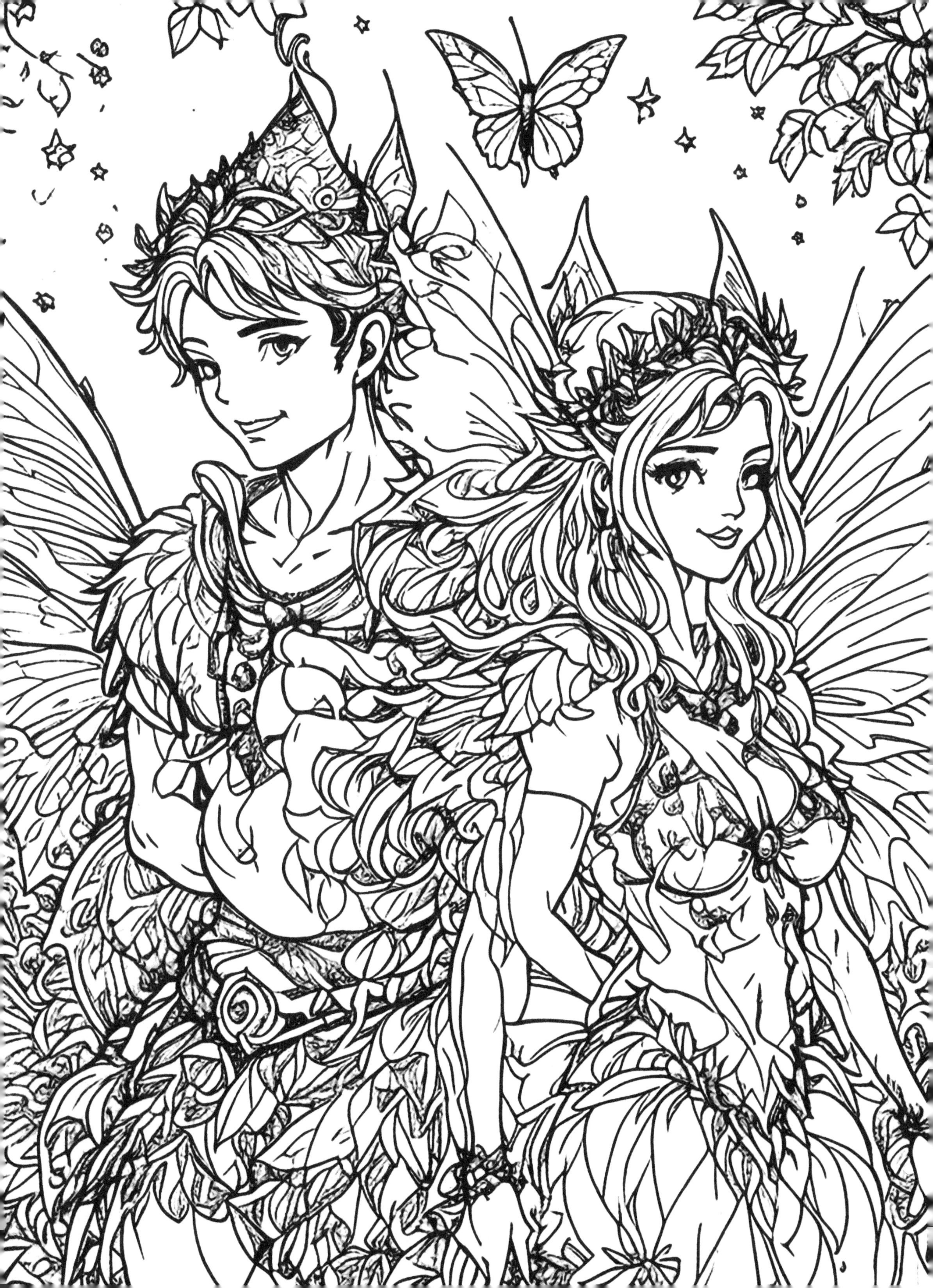

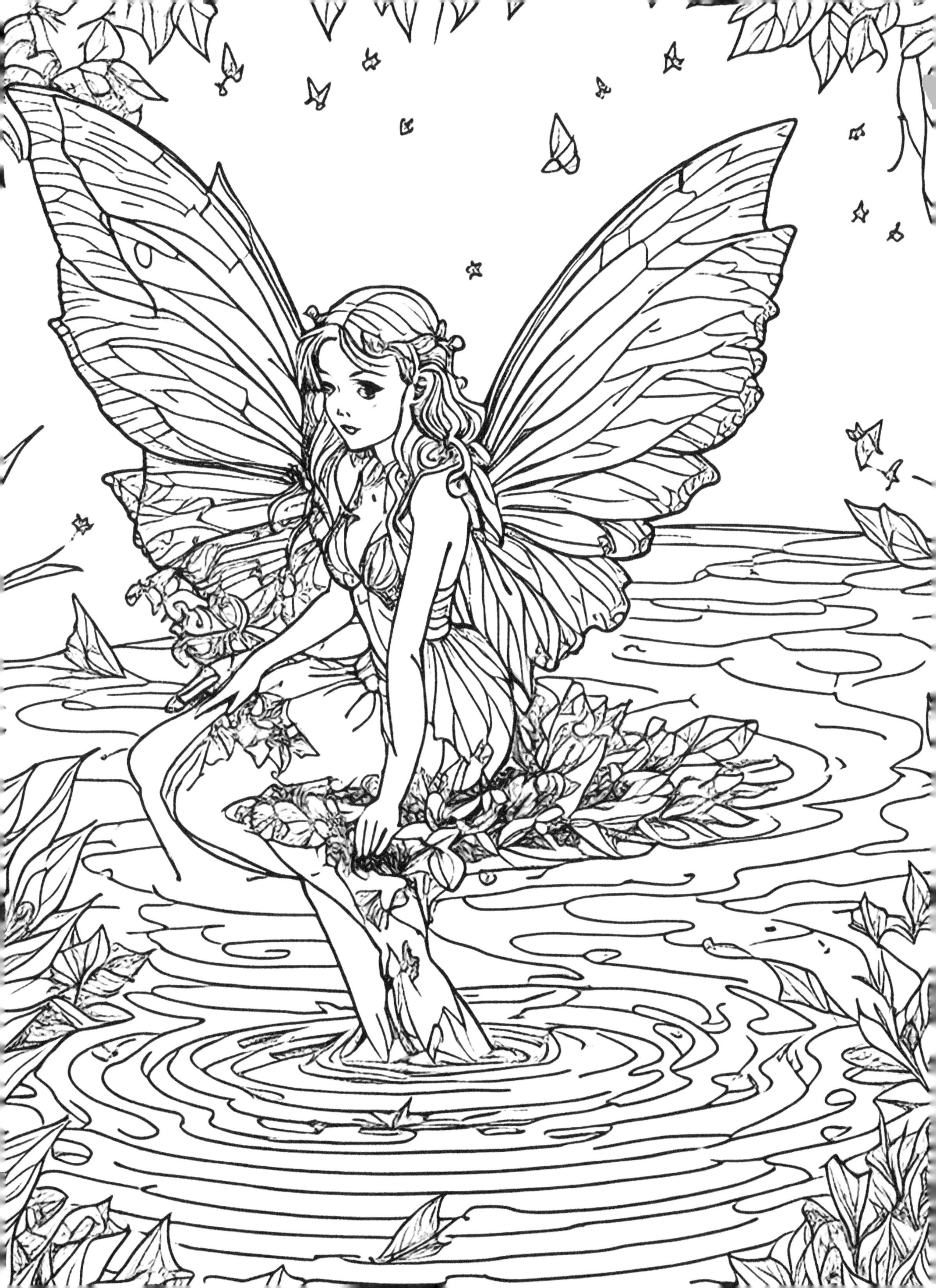

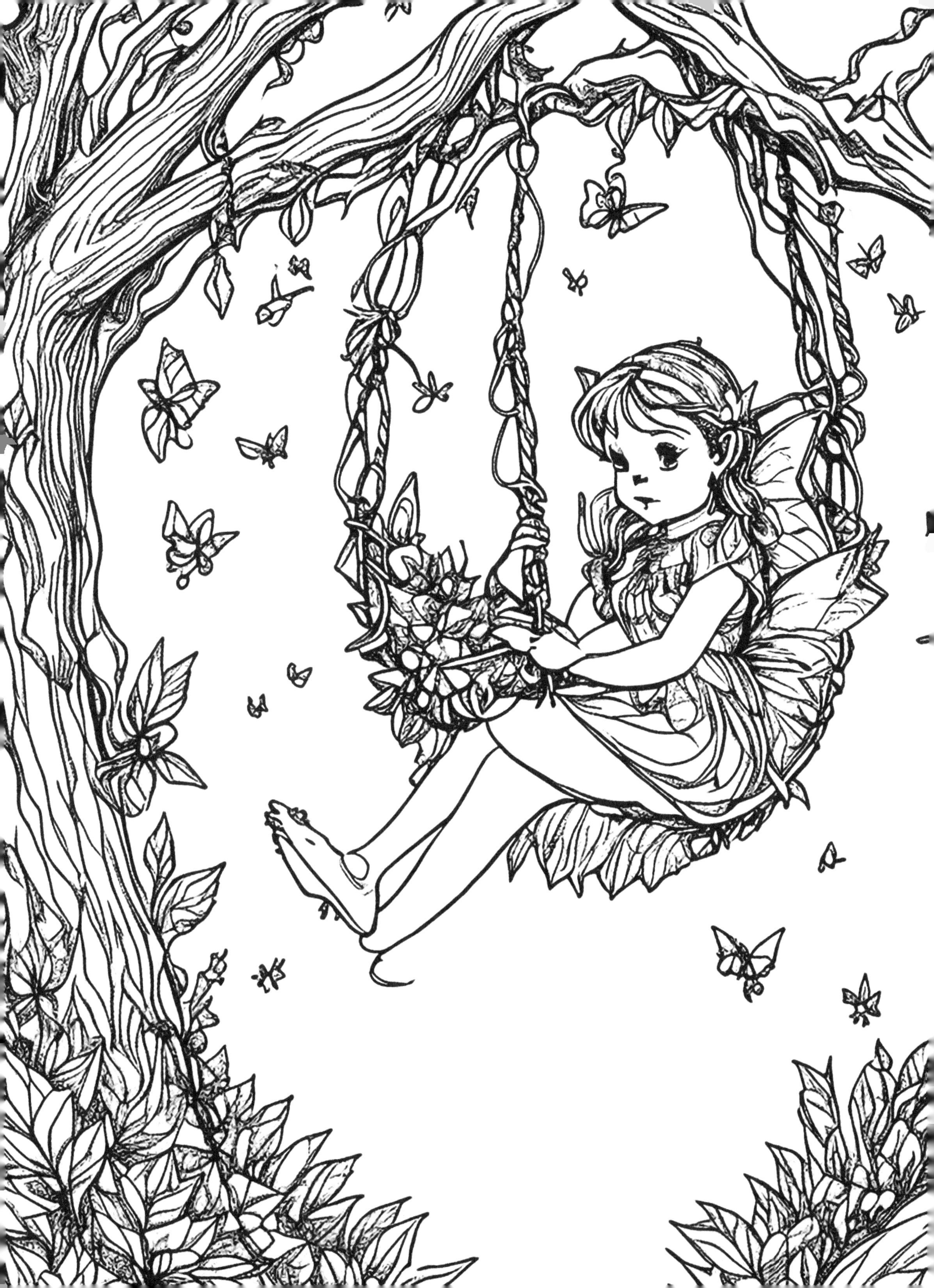

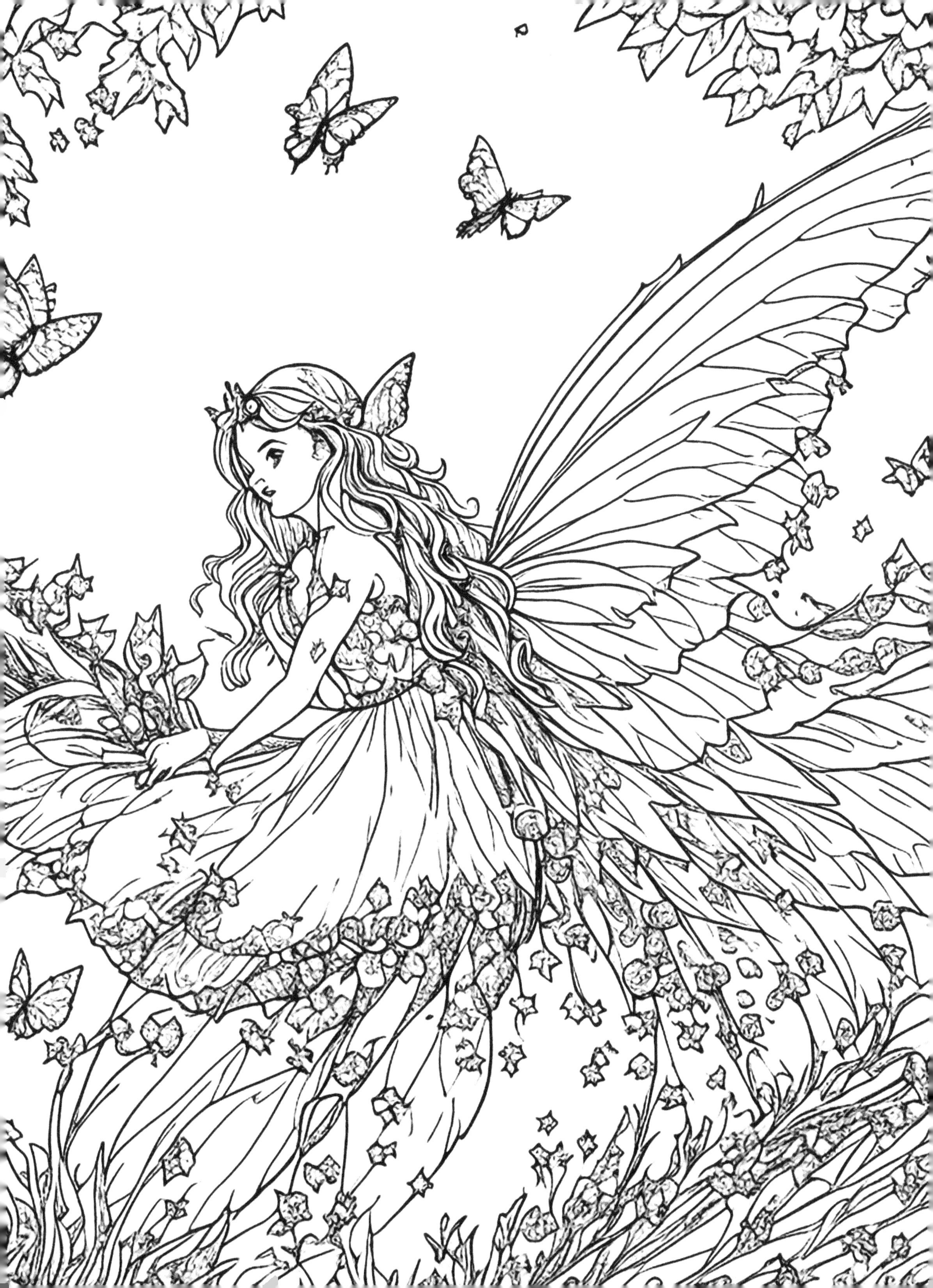

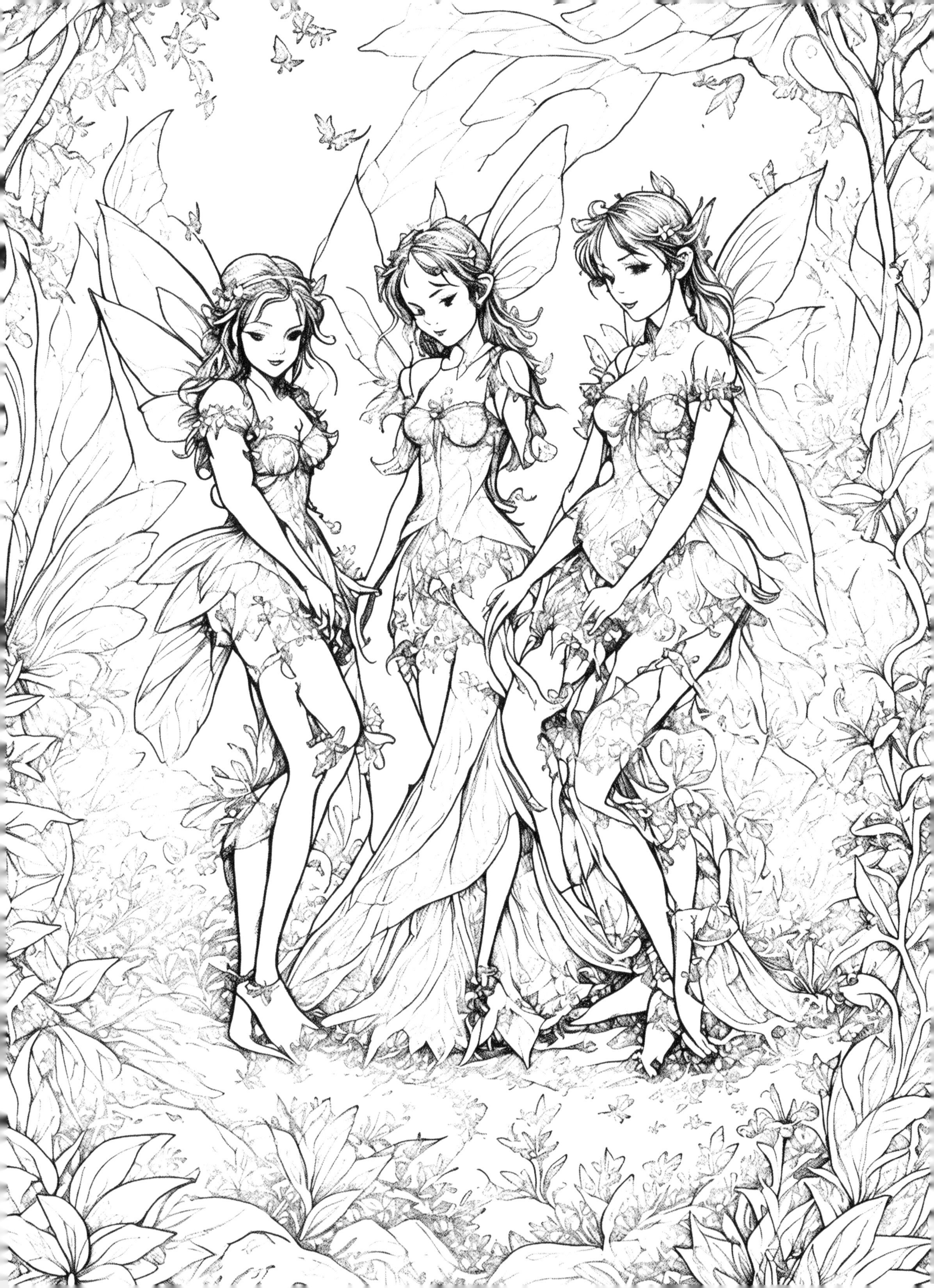

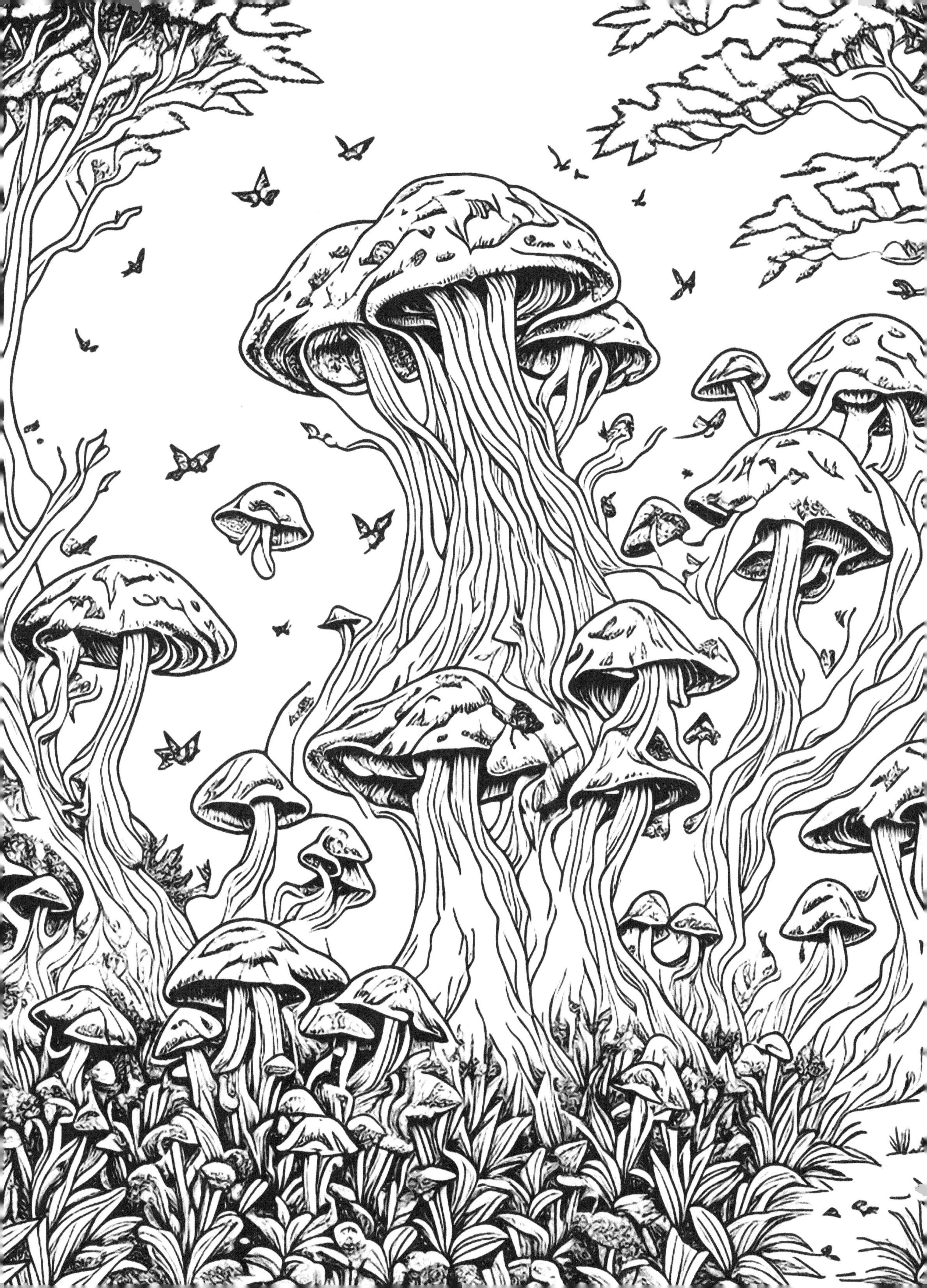

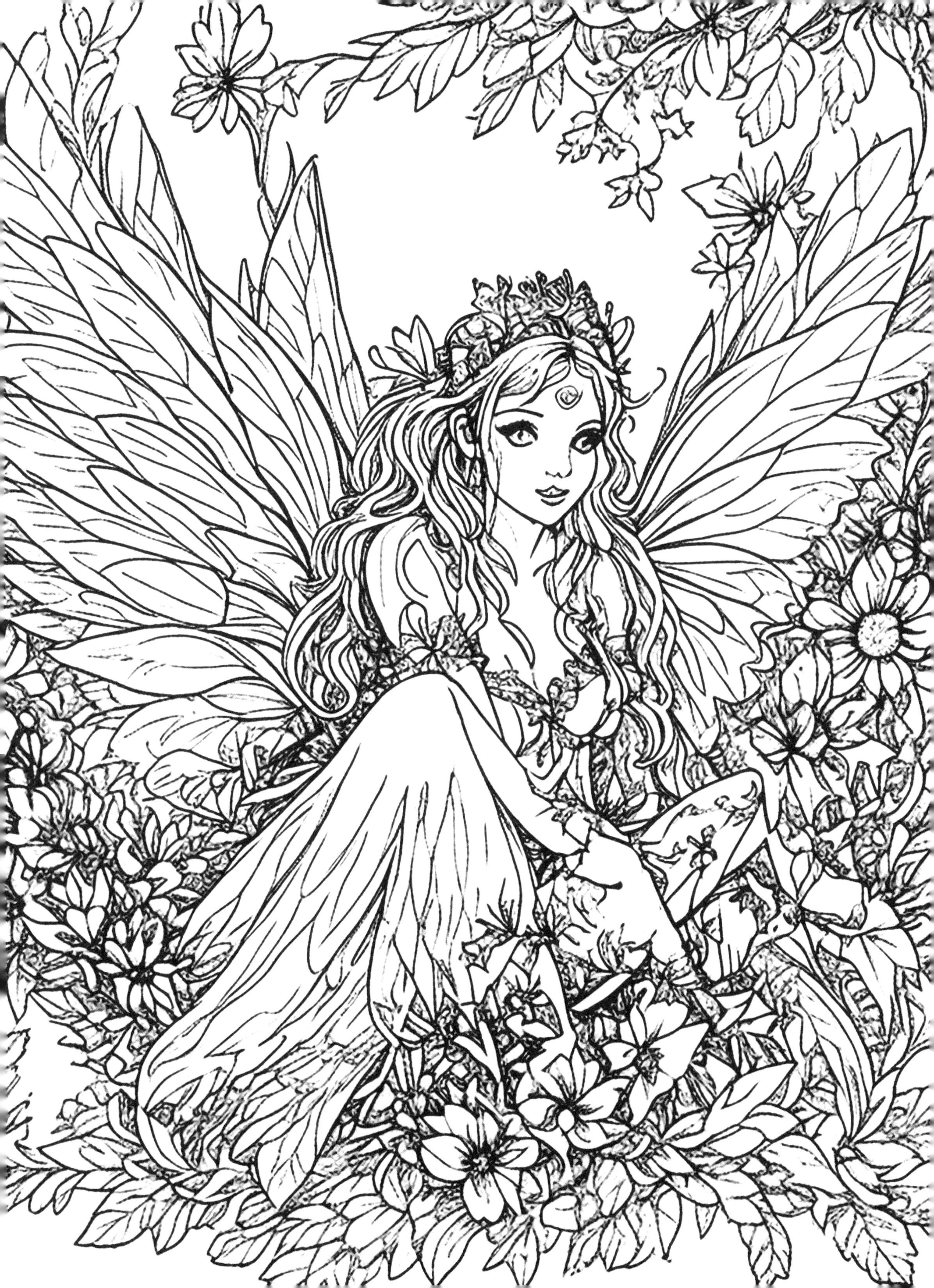

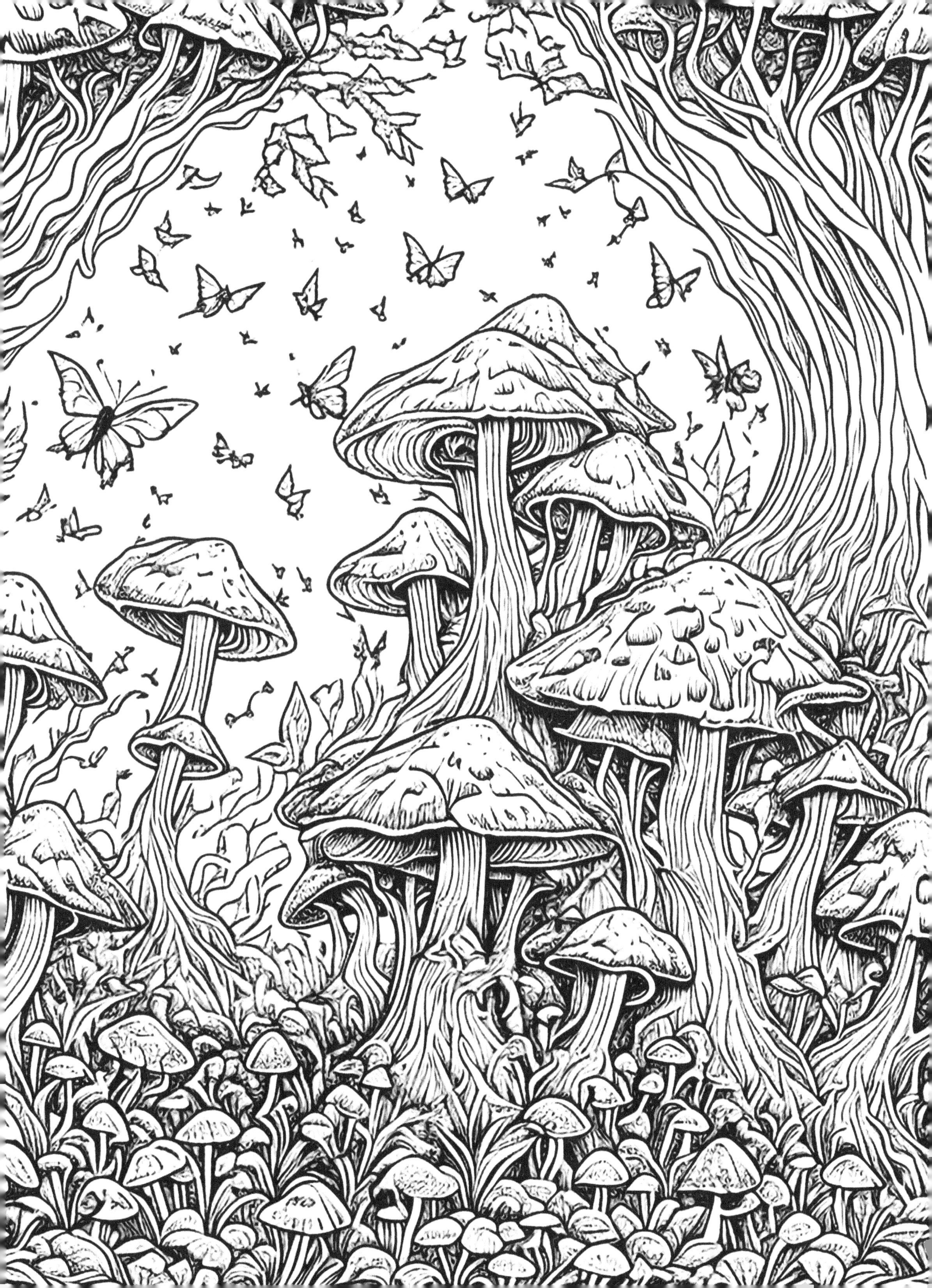

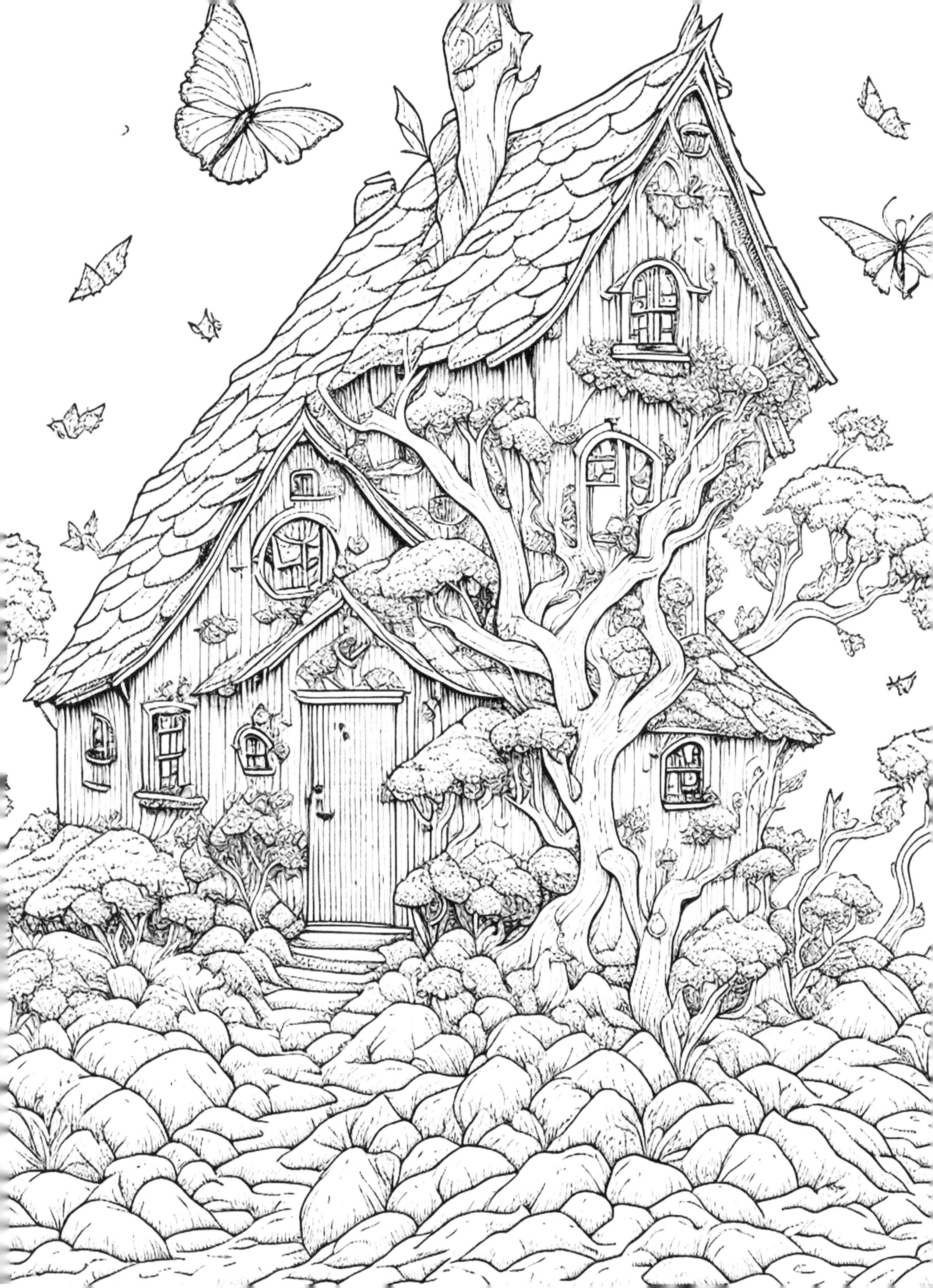

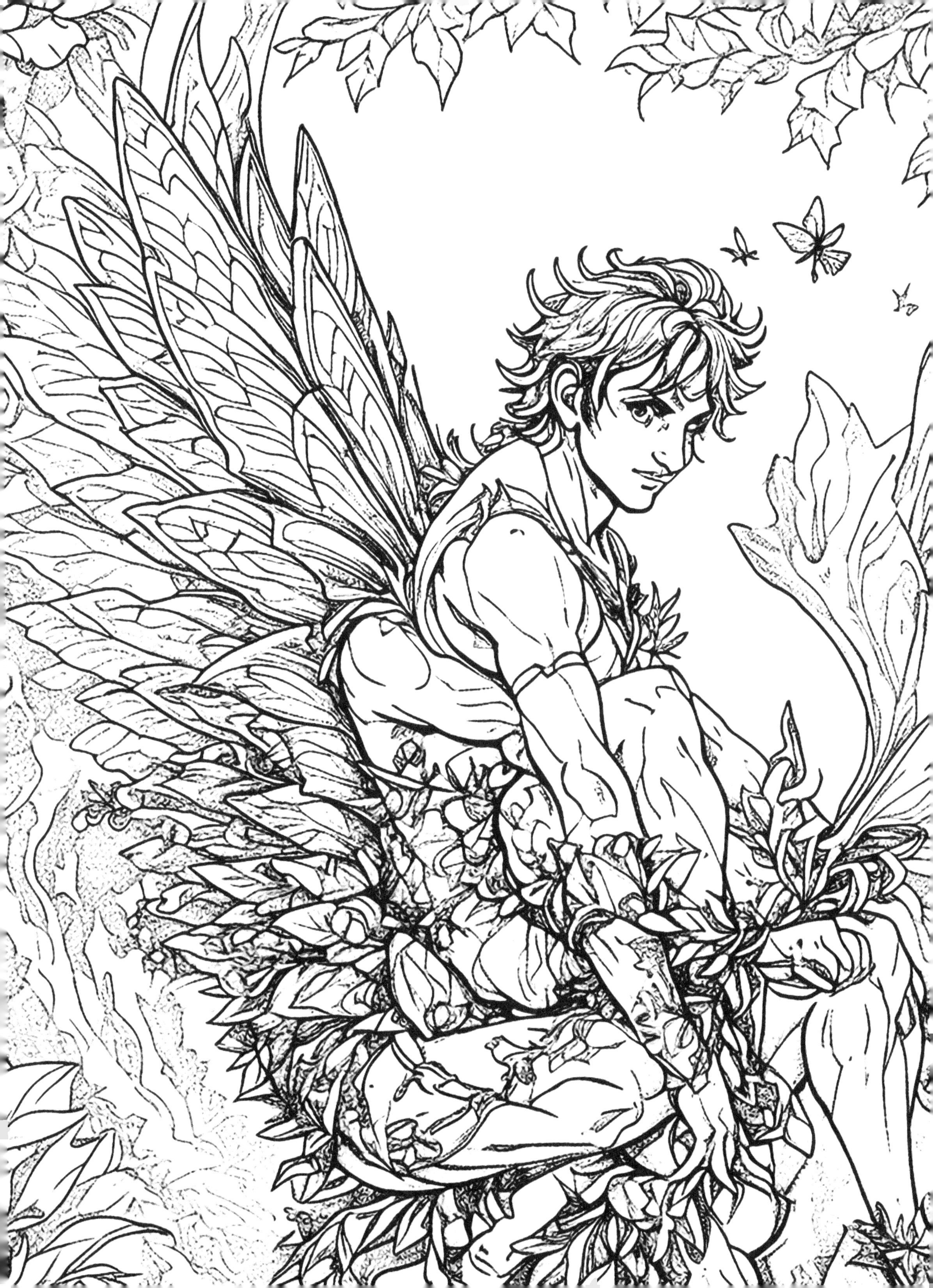

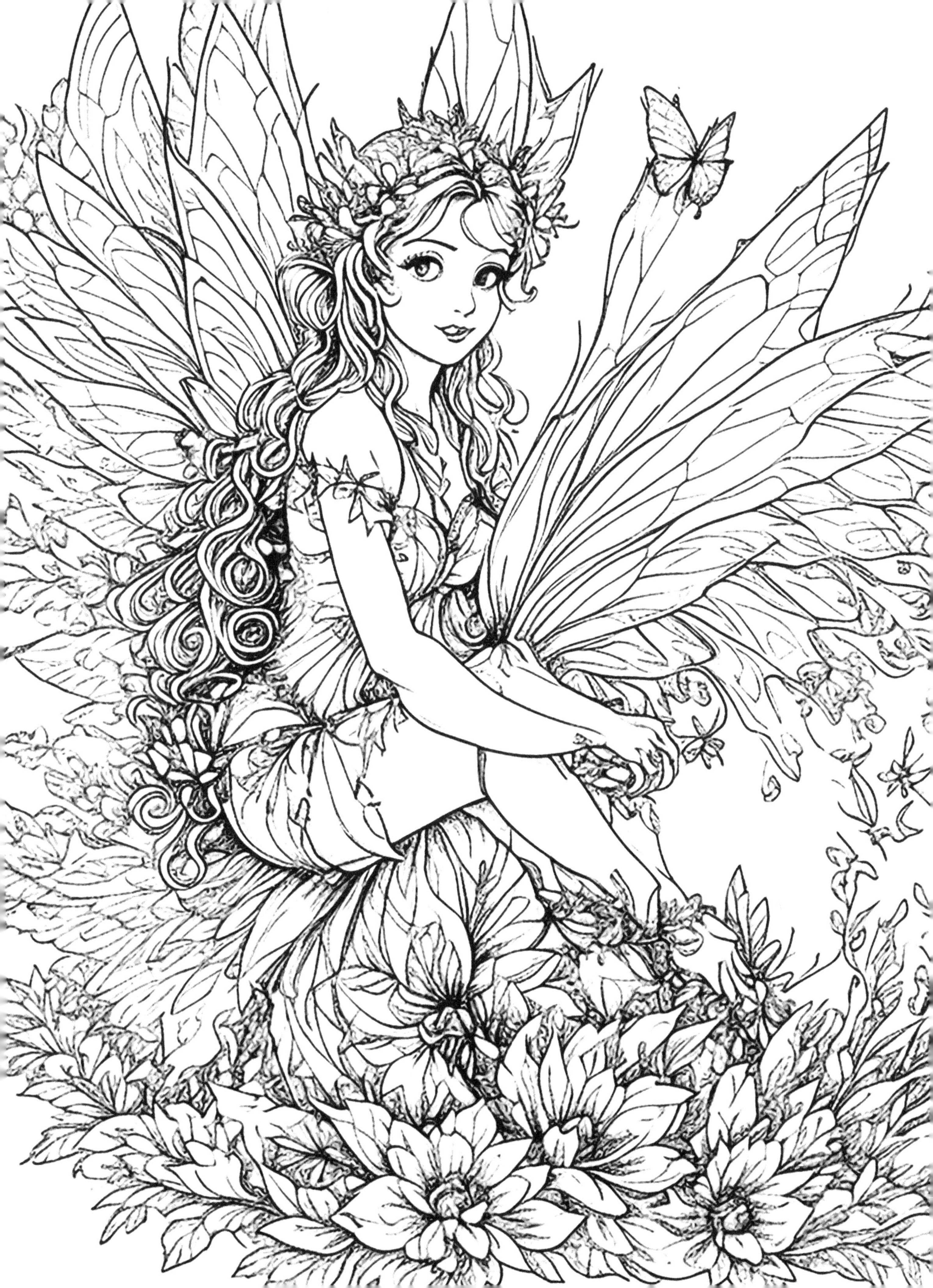

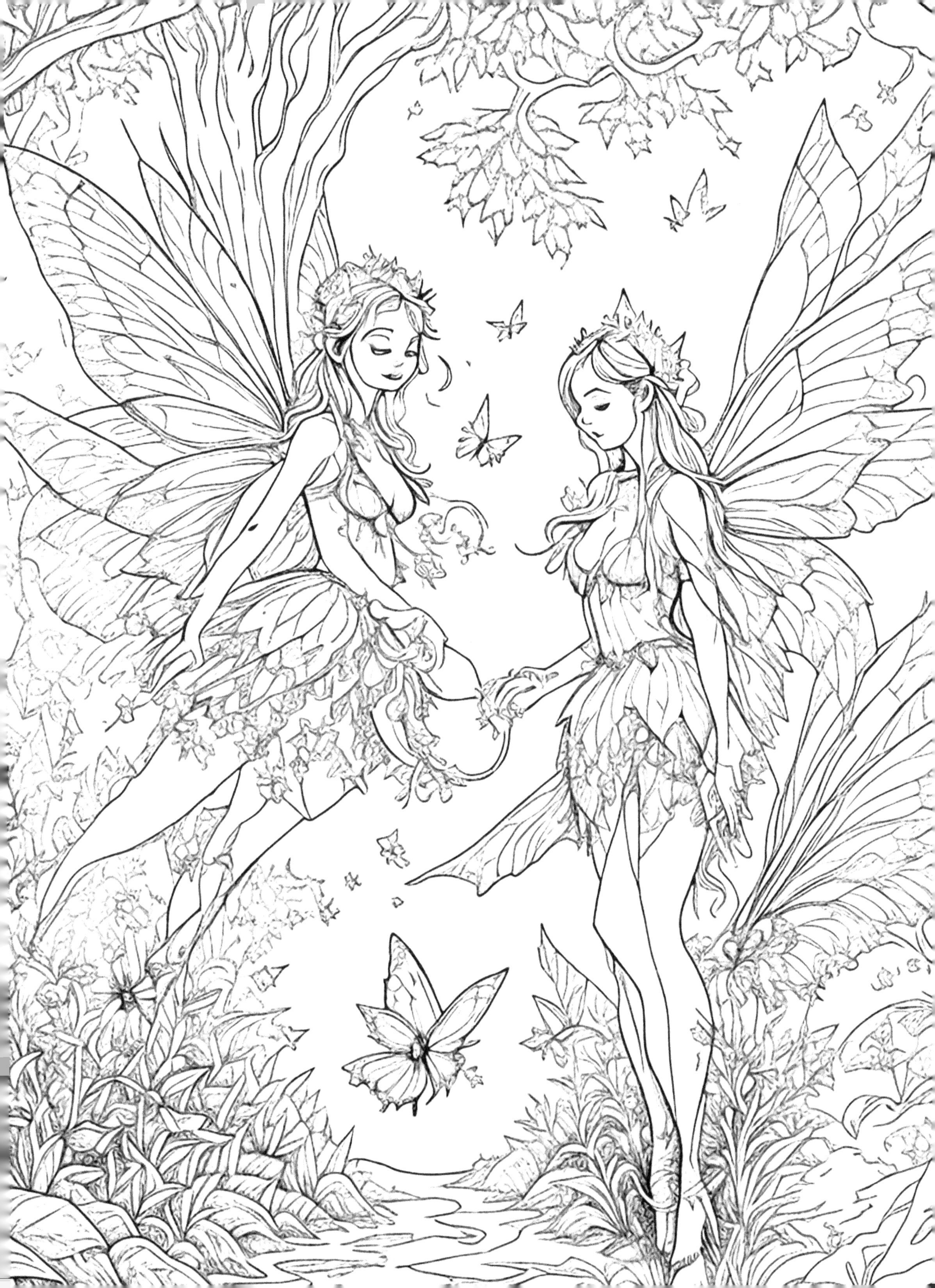

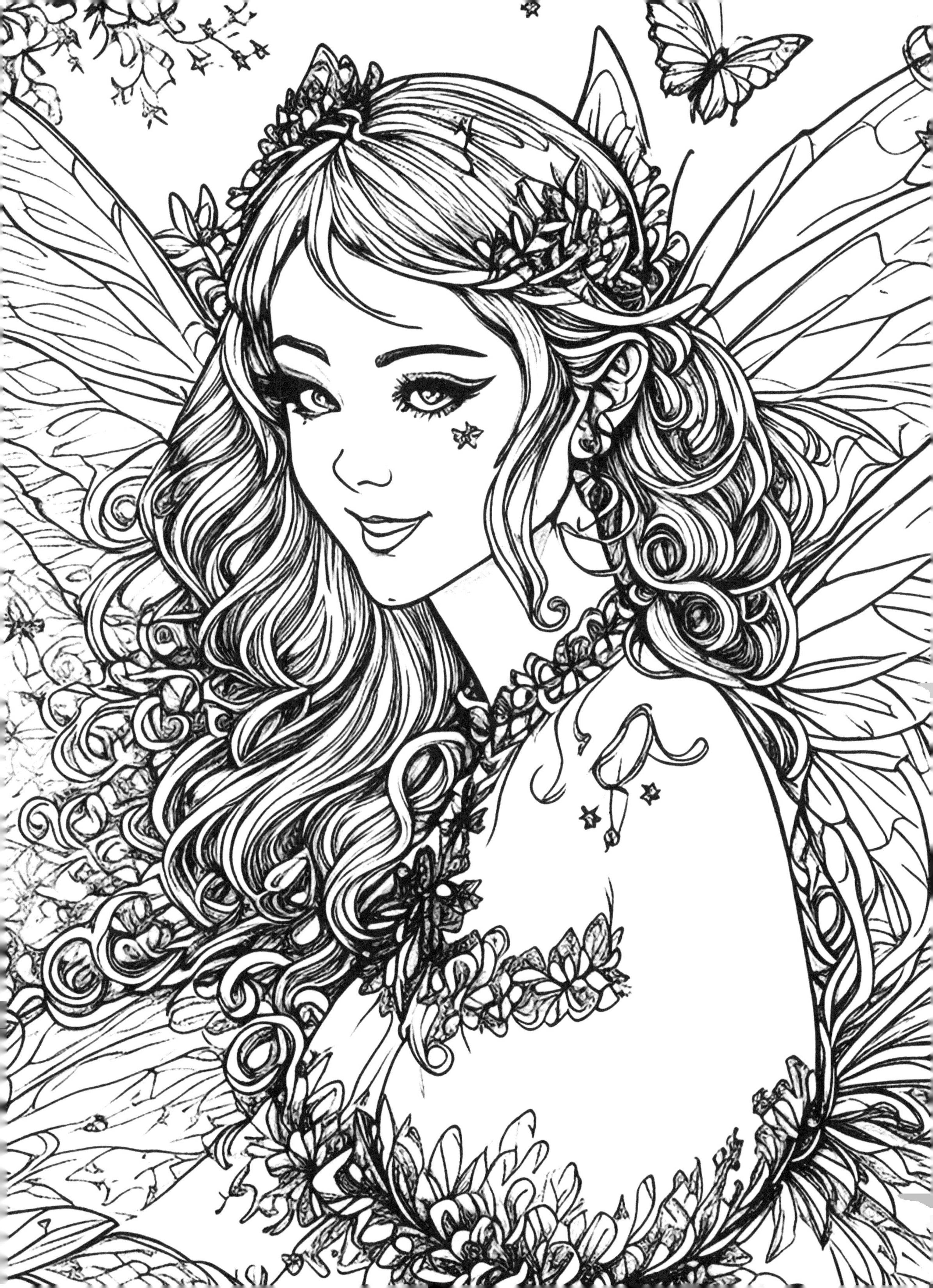

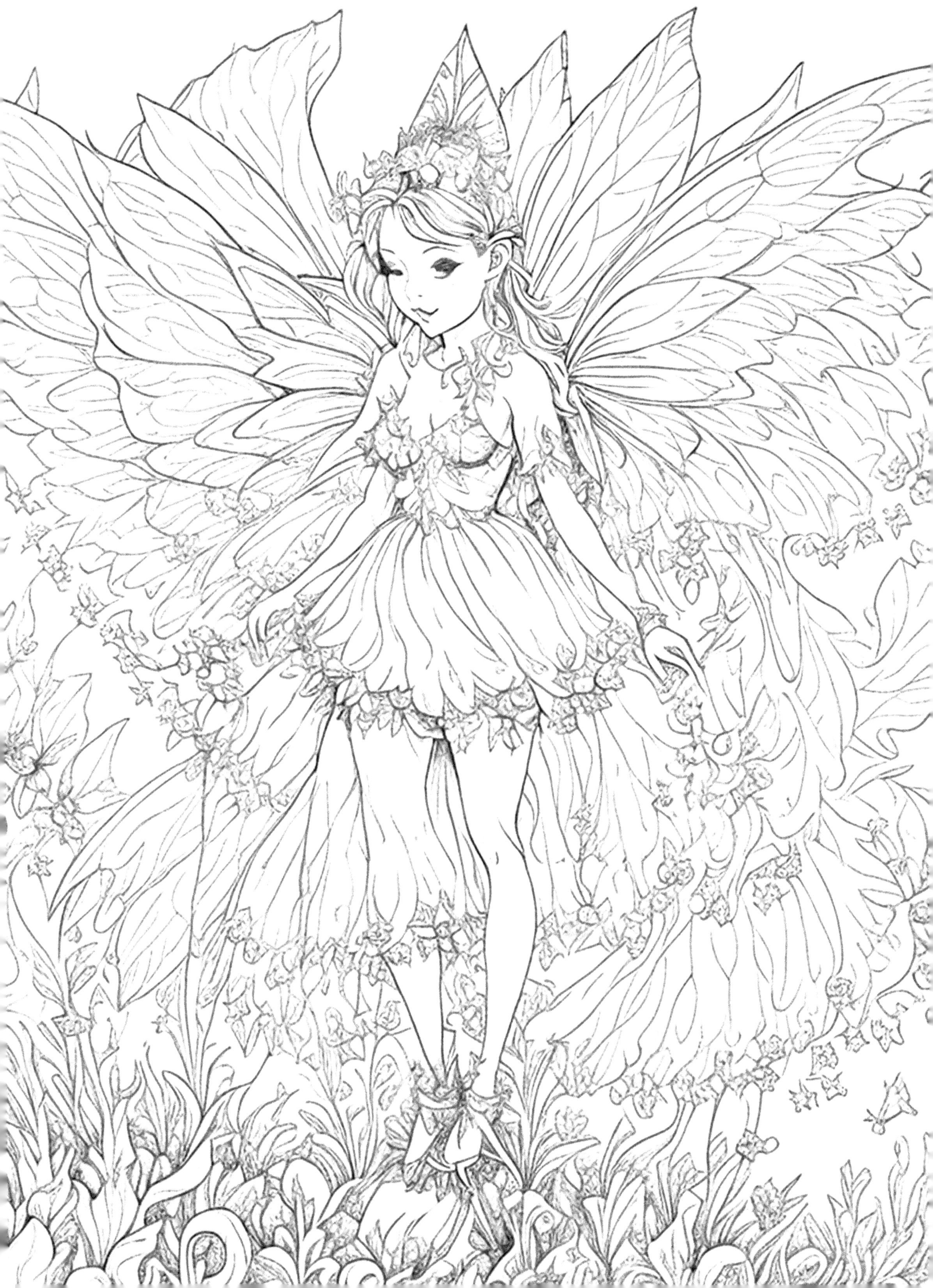

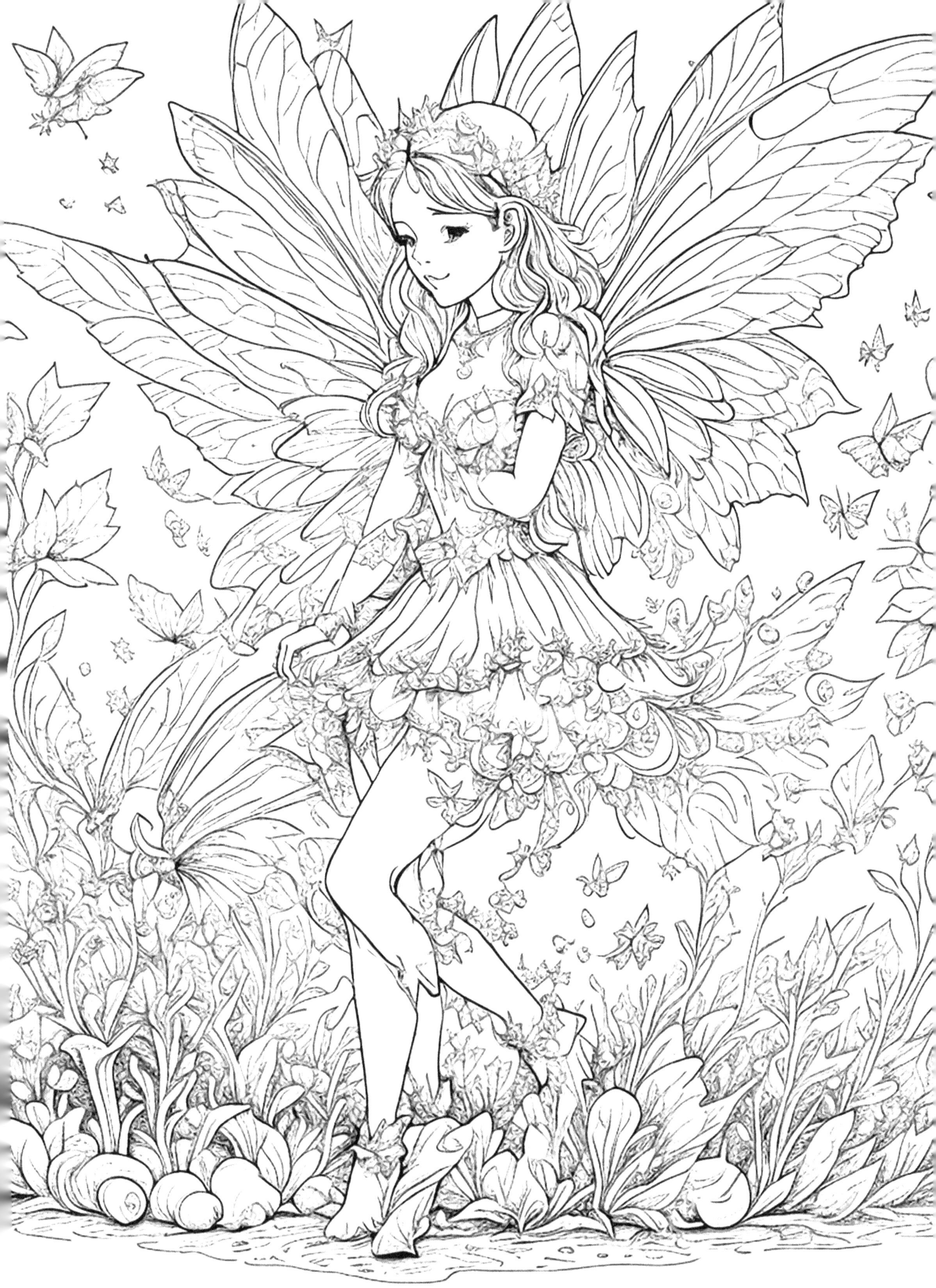

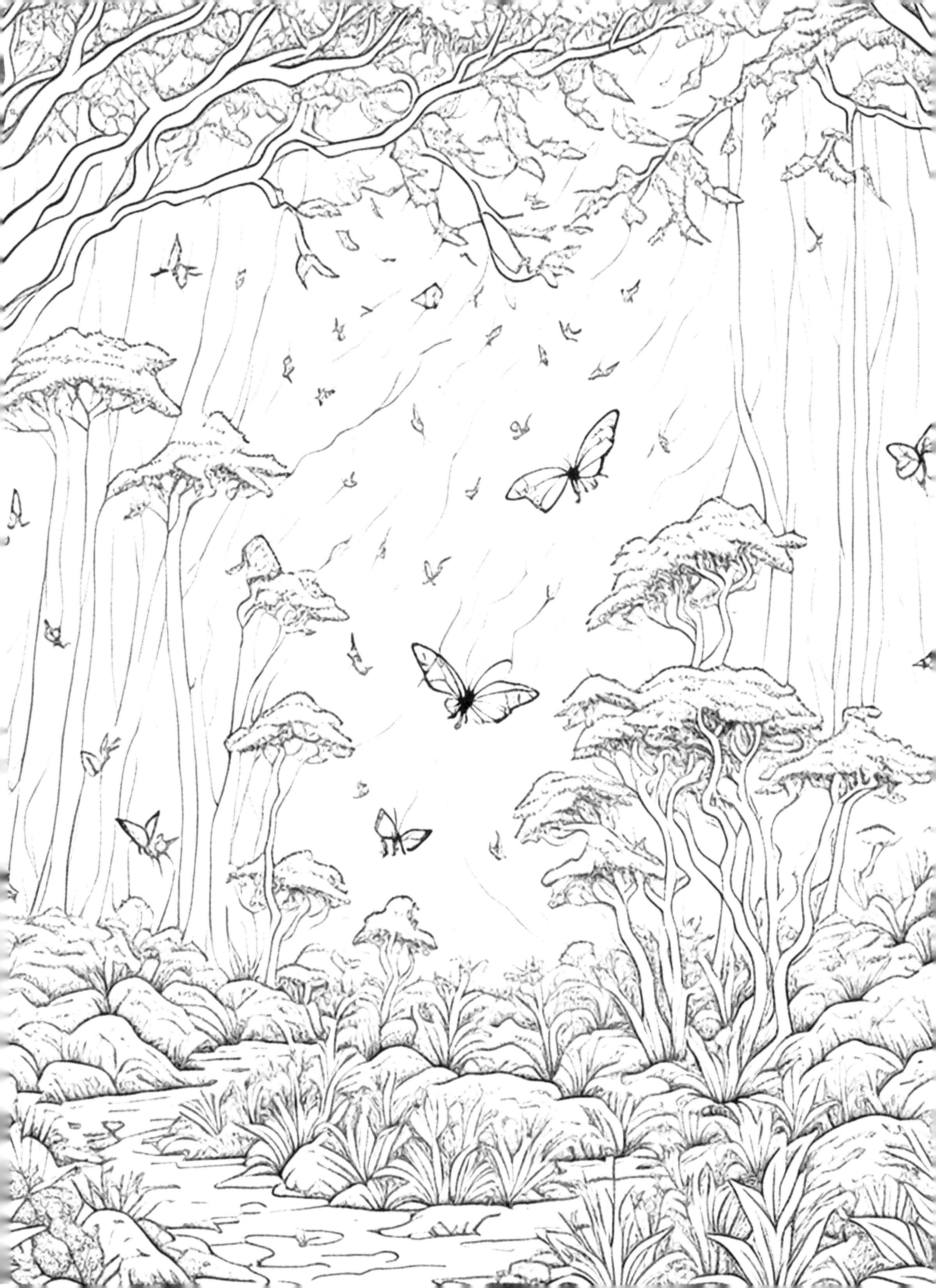

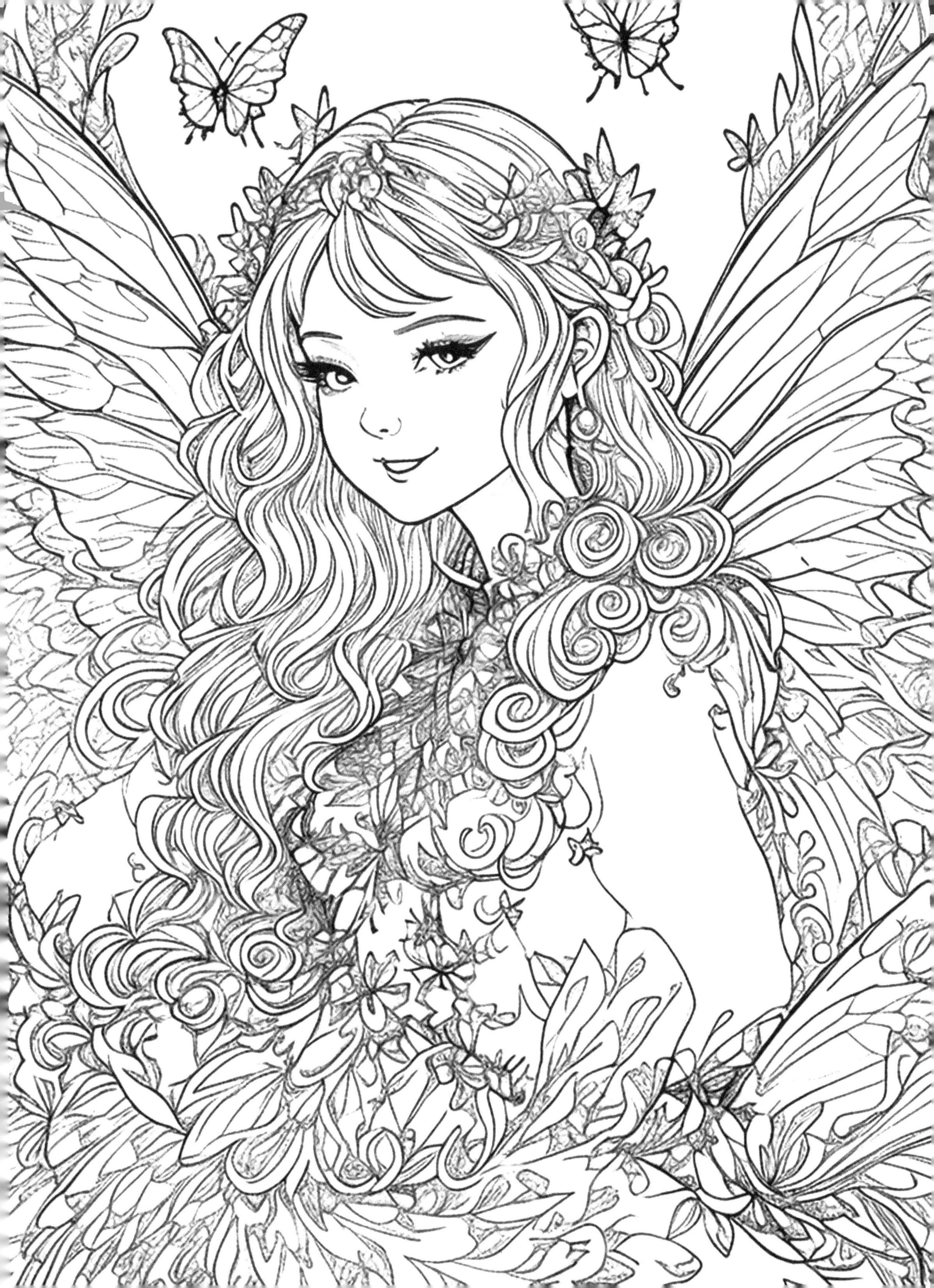

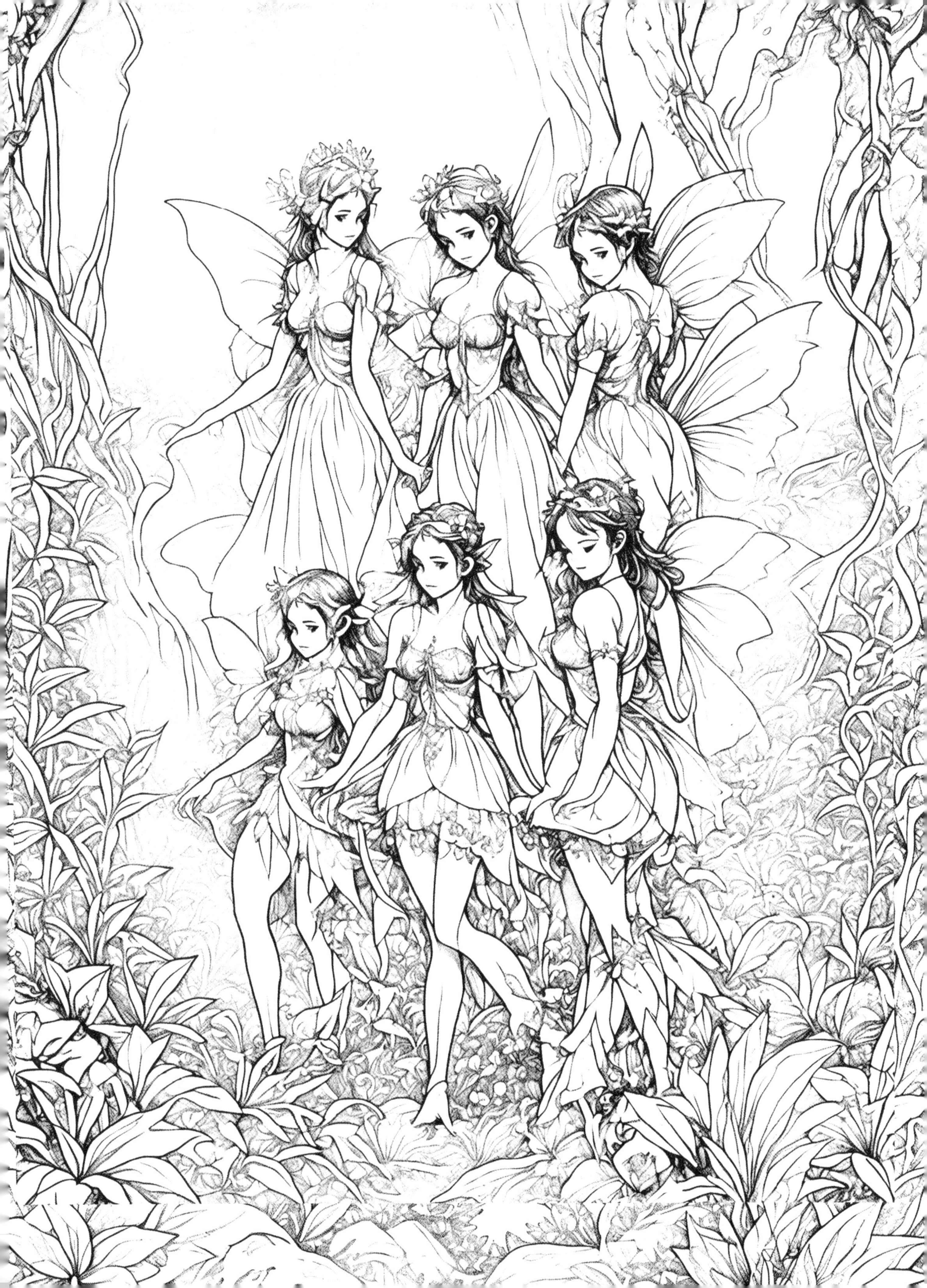

www.ingramcontent.com/pod-product-compliance
Lightning Source LLC
Chambersburg PA
CBHW082024230526
45466CB00023B/3360
* 9 7 9 8 3 9 5 4 2 1 8 5 2 *